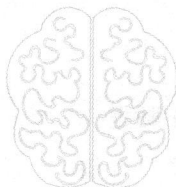

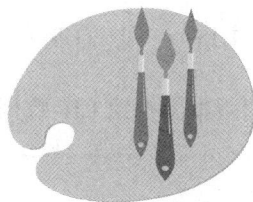

培养优秀卓越的人

陈武民/著

中国财富出版社

图书在版编目（CIP）数据

培养优秀卓越的人 / 陈武民著 . —北京：中国财富出版社，2017.5
ISBN 978-7-5047-6473-7

Ⅰ . ①培… Ⅱ . ①陈… Ⅲ . ①家庭教育 Ⅳ . ① G78

中国版本图书馆 CIP 数据核字（2017）第 115277 号

策划编辑	单元花	责任编辑	单元花		
责任印制	方朋远	责任校对	孙会香 张营营	责任发行	董 倩

出版发行	中国财富出版社		
社 址	北京市丰台区南四环西路 188 号 5 区 20 楼	邮政编码	100070
电 话	010-52227588 转 2048/2028（发行部）	010-52227588 转 307（总编室）	
	010-68589540（读者服务部）	010-52227588 转 305（质检部）	
网 址	http://www.cfpress.com.cn		
经 销	新华书店		
印 刷	北京京都六环印刷厂		
书 号	ISBN 978-7-5047-6473-7/G · 0675		
开 本	710mm×1000mm 1/16	版 次	2017 年 7 月第 1 版
印 张	12	印 次	2017 年 7 月第 1 次印刷
字 数	171 千字	定 价	38.00 元

爱因斯坦说："用专业知识教育人是不够的，通过专业教育，他可以成为一个有用的机器，但是不能成为一个和谐发展的人。"这句话意在告诉我们，通过教育培养人的精神和人格比灌输知识更重要。

我在课上对父母们做过调查：想要给自己的孩子留下什么，或者说要教给孩子什么？父母中回答留给孩子财富和教会孩子赚钱本领的占多数。那么，父母们有没有考虑，真正给孩子的财富是什么呢？是一套房子、一笔存款，还是一项生存的技能和本领？在我看来，给孩子最大的财富就是让孩子成为一个健康又快乐的"人"。我一直认为，真正的教育一定是让"人"走在"才"前面，才能最终实现把孩子培养成"人才"的目的。这也是我给这本书定的主要思路——把孩子培养成优秀卓越的人。

卢梭说："教育是培养既能行动又有思想的人。"雅斯贝尔斯说："教育是人的灵魂的教育，而非理性知识的堆积。"鲁迅说："教育是要立人。"蔡元培说："教育是帮助被教育的人，给他能发展自己的能力，完善他的人格，于人类文化上能尽一分子的责任，不是把被教育的人造成一种特别器具。"这些教育大家的共同心声就是，育人是教育的根本目的，而不仅仅是成才！

培养孩子成为优秀卓越的人，就是使孩子们变得日益完善，让他们热爱生活、热爱生命、爱己爱人，会感恩、有担当，能诗意地栖居、有尊严地活着……教育不仅仅是人们习以为常的成才教育，而是立人教育——让人成为人的教育。

然而，在教育现实中，对"才"的重视远远超过对"人"的重视。比如，当孩子成绩不好的时候，父母认为孩子就是笨，甚至是问题儿童。当孩子有个性、表现得自我的时候，父母就会认为孩子不听话、不懂事。一切与成绩和知识挂钩的，父母都趋之若鹜，为了表面虚荣拼尽全力上各种兴趣班而全然不顾孩子是否喜欢、是否累。应了那句话，只关注孩子飞得高不高，却不在意孩子飞得累不累。这就有悖对"人"的培养。

还有部分家长不懂教育时机，该教的时候不会教，该管的时候不会管，把天才教育实施成了愚昧教育。这类父母并不了解一个生命的发展规律，不会引导和塑造孩子的自我发展思维模式，而是在扼杀孩子的天性，并用错误的爱使得孩子缺乏健康的爱、科学的爱，进而让孩子没有安全感，甚至没有人性和人格，把一个好孩子教育成一个"坏孩子"。现在社会教育体系已升级，而家长的思维依然停留在以前，不改变思维，不学习教育观念，就会跟不上变化中的孩子。

我认为，孩子是没有标签包裹的种子，父母能做的就是提供土壤和养料并去除杂草，我们不能决定他开什么花或在哪个季节开花。还孩子以生命自在的力量，"一粒橡树籽扎根在土壤里，不需要任何教化，只要时间足够，一样会长成参天的橡树"。如果希望把一棵橡树教化成为一棵苹果树，最终结果是孩子失去了他天赋的特质，过着平庸的一生。在我看来，如果教化的方法不对，不但能把一棵橡树培育变异，更有可能使得一棵原本生命力具足的种子提前夭折。而多数父母并没有把孩子看成是一粒种子，而是把孩子当成一块泥，任凭自己的喜好捏来塑去。也有父母喜欢给种子贴标签，想当然地认为孩子是这样或那样的。比如，认为孩子有问题，认为孩子不好好学习，认为孩子不听话，认为孩子不如别人家的孩子。所以，不懂种子的农夫不可能成为好农夫，呵护种子成长的过程中也会出现偏差。

所以，基于这些思路和认识，我在本书做了详细的论述和探讨，也列举了大量优秀的案例予以佐证，意在让读者，尤其是身为父母和教育者的人，在书中找到自己的问题和教育孩子容易犯的错误，并在教育孩子的过程中选对教育时机，对男孩和女孩采取不同教养方法，力求不论穷养和富养让我们的孩子都能有教养。

有教养才是孩子走向优秀卓越的第一步，从而继承原生家庭的正能量和积极的东西并复制和传递给自己的孩子，营造一个可供传承的家道和家风。

我一直认为，教育是一棵树摇动另一棵树，一片森林推动另一片森林，我希望由我的起心动念，推动千万家庭，使众多父母重视家庭教育，在书中或我的课上受益。这对我将是莫大的鼓舞。希望我们共同努力，为孩子的成长和未来助力，把孩子真正当"人"来培养，让每一个孩子在有爱、大爱、会爱的父母教育下，变成优秀卓越的人。这是我的心愿，也是博家教育的心愿。

陈武民

2017 年 3 月

目录 | contents

第一章

认清自己才能教育孩子

孩子的问题一定是父母的问题

俗话说"父母是原件，孩子是复印件，家庭是影印机"，如果孩子有问题，应该改哪里？当然是原件、复印件一起改。原件是谁？当然是父母。

在我课上的互动环节，有个妈妈说她的儿子有很多问题。一听这话，我就知道一定是妈妈的问题更多，于是就让这位妈妈说说，到底孩子都有哪些问题？她说，我儿子心不灵手不巧，数字 1~9 到现在都不会写，教过很多遍就是不会；画画四不像，涂色不匀，还把纸戳个洞，线条画得七扭八歪；他还爱着急发脾气，无理由就发火，爱激动。比如，自己拧不开一个瓶盖子也气得直跺脚；出个石头剪刀布输了就要赖，输不起，不让他要赖他就哭闹发脾气；跟他玩躲猫猫，不让一下子找到，如果一下子找到他就哭闹着非要重来一遍。你说这孩子问题大不大？

我问这位妈妈，孩子今年多大？她说，三岁。我笑着跟这位妈妈说，你这样描述一个孩子，我还以为你的孩子十三岁了。原来才只有三岁。一个妈妈把一个三岁的孩子形容成有问题，这难道不是妈妈的问题吗？

一个三岁的孩子，所有妈妈认为他不正常、有问题的地方，正是他最正常、最符合年龄特征的地方。只是这位当妈妈的并没有学习如何去面对一个三岁孩子所表现出来的正常行为，所以这些行为在她眼里变成了"不正常"，变成了"问题"。

在给父母授课的活动中，我遇到很多家长朋友，说自己有一个或几个让自己烦恼的问题要请教。比如：

我的孩子自尊心太强，考不了第一就难过。

我的孩子太腼腆，见人不爱主动打招呼，上课发言不积极。

我的女儿太爱打扮了，每天都要穿公主裙，还偷偷抹妈妈的化妆品。

我的儿子不爱换衣服，只爱穿他喜欢的那一套衣服，一直穿。

我的儿子有多动症，除了睡觉没有停下来的一刻，像打了鸡血。

我的孩子太"宅"了，居然能待在家里自己玩过家家两三个小时不找妈妈。

我的孩子太乖太安静了，乖得让我觉得像假的，怎么能让他正常一点呢。

我的孩子太淘气了，对什么都很好奇，怎么才能让他不搞破坏呢。

我的孩子太不爱阅读了，怎么才能让他爱上看书呢。

我的孩子太不遵守诺言了，说好出去不买玩具的，见了玩具就迈不动腿。

我的孩子太不爱吃菜了，个子总不见长高，怎么才能改掉这个坏毛病呢。

我的孩子太……

我的孩子太……

看看，在这些家长的眼里，孩子身上全是问题。但能看到这些问题的家长往往很难看到自己的问题。很多家长朋友在跟我交流时，都会郁闷地谈到孩子这样那样的问题，仔细审视这些问题却可以发现，这些大都是特定年龄段的发展性问题，比如，孩子怕生、胆小不敢上台表演，孩子好动或者安静，孩子护玩具不分享等。这并不需要特别焦虑，然而，很多家长朋友却难以释怀，总觉得孩子不正常。每每遇到这种情况，我除了跟他们解释孩子的心理发展规律之外，总是禁不住提醒他们：很多时候，孩子的问题都是父母的问题，你光盯着孩子的问题犯愁，却不去反省自己如何"制造"了这些问题，即使一时能把某个问题压下去，也是"治标不治本"。因为问题的根源在你身上，而不在孩子身上。不改变自己的内在，孩子的问题是不可能真正消除的。

父母认为孩子有问题，孩子才有问题

当孩子出现问题时，父母如果用孩子的心理去理解孩子的问题，去宽容地对待他们、守护他们，那么孩子的问题就不是问题，或者即便真是问题也会因为父母的宽容和理解，化大问题为小问题。反之，如果父母把孩子一点点小问题无限放大，即使原本没有问题的孩子也成了"问题孩子"。我们看看下面两个母亲是怎样做的。

亲友不安地问一位母亲："您的孩子为什么总是一个人发呆？是不是神经有毛病啊？还不趁早带他去医院检查检查？"母亲坚定地说："我的孩子没有任何毛病，你们不了解，他不是发呆，而是在沉思。他将来一定是位了不起的大学教授。"这个孩子就是爱因斯坦。

一个小男孩活泼好动，对什么都充满好奇，每天不停地玩耍，几乎没有安静的时候。一个不称职的幼儿园老师对这位孩子的父母说，孩子有多动症，应该去看看心理医生。这个妈妈也认同了老师的话，带着孩子去看医生。在一系列检查过后，这位妈妈竟然还破天荒地想着给孩子测测智商。结果智商显示并没有多高，这位妈妈郁闷了，原来自己的孩子不能安静、不能专心就是多动症闹的。于是她带着孩子踏上了治疗多动症的漫漫长路，几年下来，原本活泼好动的孩子，变得目光呆滞，见人不笑不言语。

以上两位母亲在对待孩子的问题上采取了截然相反的态度，结果孩子有了不一样的命运，一个成了科学家，一个成了病人。

孩子长大的过程中，免不了遇到各种问题。作为家长这时不要急着插手，也不要急着给孩子下结论。精神科医生认为：那些有心理问题的孩子，多数都能从其家庭教养方式中找到症结。父母对孩子性格和情绪的影响超过了学校和社会。

某日，有个家长跟我交流孩子便秘的问题，谈到孩子被便秘困扰的现状，非常担心，问我该怎么办。

我听她说，孩子的大便问题已经成了他们全家的心头大患。每次为了让孩子大便，都要全家出动连哄带骗。平时只要听说吃什么对通便有好处，都会拿来尝试，中医西医都看过，结果却不甚理想。用这个家长的话说，他们越用心越在意，小家伙的大便越糟糕，直到折腾得他们失去了治疗的信心，不得不放弃各种精心安排的治疗和食疗。我告诉这位家长，不是孩子的肠道系统出了问题，而是你们认为她有了问题，认为她的便秘问题是天下第一大事，才造成孩子这个生理问题越来越严重。这位家长问我，该怎么办？我说放任不管。孩子解不下大便也不用急，该吃饭吃饭，该喝水喝水，让孩子自己去决定要不要排便。结果这一招出奇得好，全家不再关注这件事的时候，孩子的便秘问题竟然解决了。

我认为，不管孩子出了什么问题，都跟家长过分关注脱不了干系。父母在某个地方越在意，孩子就越容易在那里出问题，因为父母的关注点是孩子控制家长最好的切口。父母在极其关注什么的时候，弱小的孩子也会慢慢发现，原来只要在父母关注的方面稍稍出点问题，就可以让自己变得强大起来，强大到可以跟爸爸妈妈抗衡了，他不加利用这点才怪呢！所以，家长越是关注孩子的吃饭问题，孩子的吃饭越成问题；家长越是关注孩子的成绩，孩子的成绩越容易让人抓狂。

我一直说，是父母认为孩子有问题，孩子才有了问题。而孩子本身是没有任何问题的。父母要成天关注着孩子怎么还不去写作业，还不去看书，他们就真的时刻"享受"父母这份监督，才不会自主自发地去看书、去写作业呢。

每一个人在心理上都有获得肯定与赞赏的需要，如果一个孩子感到自己是被别人赏识的，自己对别人来说是重要的、有意义的，那么他就会自然而然地产生愉悦的、自我肯定的感觉。孩子心智发育尚不成熟，常常根据别人对自己的评价，尤其是父母和老师的评价来给自己定位。如果他经常被表扬，他的心里就充满了自豪和自信，觉得自己很优秀、很特别。相反，如果孩子平时听到的都是训斥、挑剔、责备甚至挖苦，一个小小的过错就被父母抓住不放，没完没了地进行批评，他就会觉得自己很失败，什么都做不好，他就会否定自己的能力，产生自卑心理，进而失去对学习和生活的热情，长此积累就会真的有了"问题"。

所以，父母切记，不要动不动给孩子贴上"问题"标签。你认为孩子是好孩子，他一定会变成好孩子；你认为孩子是问题孩子，就是在一点点把孩子往"问题孩子"的路上推。

孩子变了，父母也要变

现在的父母挂在嘴边上的一句话就是"现在的孩子跟我们以前不一样了，太难教育了"。是的，这是一个共识，因为孩子已经变了，而父母的思维还没有跟上。

现在的孩子到底怎么了？老一辈总是抱怨现在的孩子太难带，老师们也觉得他们教的孩子一届不如一届好管。可是，你有没有想过，从20世纪80年代开始，孩子们的成长环境发生了巨大的改变，我们现在面对的教育对象是"90"后和"00"后，他们大都是独生子女，也是伴随着互联网的发展成长起来的一辈人。现在的孩子是什么样？比如北京、上海这样的大城市里，一个孩子来到这个世界上，就有五六个人围着他，这五六个人会把最好的东西给他，让他吃好的，穿好的，用好的，玩好的。可能这时候父母会说了，这样的孩子还不是泡在蜜里长大的，幸福得不得了吗？那么，事实果真如此吗？孩子的世界一定会如父母想的那样，幸福、快乐，一点儿也不会苦闷吗？其实不然，孩子们也有很多苦恼，只是我们没有深入了解。时代在变，老师和家长们的教育观念也应该转变。

父母们可以想想，以前我们还是孩子的时候是什么年代？尤其是农村的孩子，当时才刚刚见到什么是电灯，而现在的孩子，尤其是"90"后、"00"后的孩子，他们一出生面对的生存环境就发生了改变。比如，家家都有电脑，有手机，网络发达，资讯泛滥，从小孩子眼睛看到的、耳朵听到的都是现代化的知识和常识。日常的玩具再也不是上树掏鸟窝，下河抓鱼，街坊邻居一群孩子玩得忘了回家吃饭。取而代之的是玩电脑，看平板电脑，看电视，关在楼房里独处是常态。他们接触的现代化的东西太多了，大脑里接收到的资讯也超出了我们的想象，所以，总有一些孩子让人感觉像小大人，表现出不合乎这个孩子年龄的成熟和老练。这也使很多父母认为孩子不好教育不好管，这是父母的思维还没有跟上孩子的变化。而且孩子是社会的孩子，社会进步了，教育孩子一定不能再像以前那样去教育。你不让孩子玩电脑，孩子就一定会杜绝受到电脑的诱惑吗？接触电脑的机会太多了。你不想让孩子玩手机，孩子就能不玩手机吗？除非成人的世界能杜绝手机的绑架，回归到没有手机的年代。这显然是不可能的。社会在朝前发展，孩子也在随着发展，唯一能跟上孩子发展脚步的方法就是父母也要跟着改变。

回溯到 20 世纪 80 年代以前的孩子们，大部分是在父母亲自抚养和陪伴下长大的，因为那时候的父母并没有今天的年轻父母那么大的生存压力和竞争压力，所以也不用时刻惦记着走上工作岗位，加上很多父母是农民，抚养孩子亲力亲为的多。而如今的父母，大多把孩子交给老人带，这样表面看似减轻了年轻父母的压力，实际孩子无形中出现很多问题。比如，因隔代抚养产生的溺爱，因跟父母长时间不在一起产生的孤独感，等等。我认识一个爷爷辈的人，用他的话说，当年养育儿子的时候经济条件不好，所以苦了孩子，现在轮到他带孙子，他恨不得把儿子童年缺失的爱都弥补到孙子身上，真可谓是把孩子捧在手里怕摔着，含在嘴里怕化了。现在教育孩子走了两个极端：一个极端是隔代老人的溺爱，另一个极端是父母的焦虑。现在的父母最爱说的就是"别让孩子输在起跑线上"。所以，大部分的父母都陷入了焦虑状态，怕孩子幼儿园学不上知识，怕孩子小学成绩不好，怕孩子中考、高考考不上好学校。甚至有的父母会焦虑孩子因为学不好而找不到好工作，找不到好对象，等等，一连串的焦虑，无穷无尽。这样一来，孩子怎么可能是好教育的、好抚养的？

还有一些家长，对孩子、对教育缺乏持久而深入的理解。猛然意识到孩子有问题，赶紧管一下，看到孩子不尽如人意的地方，就开始忧虑孩子十年后的高考、十五年后的婚姻，以及二十年后的事业……

而这个忧虑本身，就会毁掉孩子的未来。家长之所以忧虑，是因为一直在间歇性地关注孩子。孩子有问题，就关注多一些；孩子没有明显的问题，便关注得少。对孩子的教育，缺乏一个宏观的掌控，对于该做什么，不该做什么，做得够不够，自己心里也没底。因此，对孩子未来的发展走向，就缺少了一份确信。不确信，就会慌张。

我们能看到现在的孩子有空前的学业压力，这只是显性的，而隐性的东西是孩子们整天跟焦虑高危人群在一起，这些人是孩子的父母、老师。

孩子在学校、在家里都要面对一群焦虑的人，人人对孩子拉橡皮筋：在学校，老师不停地强调考试、学习；回到家，家长也在强调考试、学习。这样，孩子可能就完了。跟焦虑的人在一起，会疲惫不堪，我们孩子所遇到的压力可想而知。

美国的学校不应试吗？也应试的，美国孩子的学习任务也很重，可是美国的老师和家长不是我们这样的心态。我们（父母）太脆弱、不够强大。所以，想教育好一个孩子，就要结合整个社会大环境看，孩子变了，父母也要改变。

社会在发展，家长思维要升级

随着社会的发展，作为教育机构、社会和学校都发现，光教给孩子知识已经跟不上时代了，而真正的教育是要教给孩子思维。比如，一味追求高分的孩子，走上社会往往会出现高分低能的现象。过分注重知识而不注重创造力，就会变成一个学习的机器，走出校门踏上社会，既不会变通又不会创新，这样的教育思维一定是要改变的。

在互联网社会，人人都发现了一个重要的能力：创新能力。创新能力并不仅仅是知识能解决的，更多的是一种思维。

创造力这种思维能力，它并不是漫无边际、天马行空式的创意，而是能提出问题、解决问题、创造新事物、帮助人适应环境的能力。但相对来说，并不是比较聪明的人，就一定有较高的创造力。事实上，历史上有很多有成就的人，书也不一定读得很好，但因为他们点子多、心思巧，遇到问题绝不放弃，所以成就反而比读书好的人高出许多。

创造力不同于智力。智力是人们认识客观事物并运用知识解决实际问题的能力。智力包括多个方面，如观察力、记忆力、想象力、分析判断能力、思维能力、应变能力等。创造力就是创新的能力。创造力包含了许多非智力因素，如人的个性和独立性等都是非智力因素。

教育教人以知识，但知识并不能代替思维，如同思维不能代替知识一样。在大多数人的实际生活中，知识从来就是不完全的（因为我们处理的事情往往涉及将来），所以我们需要思维。

知识与思维有密切的联系，但绝不是同一个概念。有些孩子非常善于思考，很有创造力，但在学校的考试成绩可能很一般；有些孩子的考试成绩非常好，但不善于独立思考，没有创造力，所谓"高分低能"就是指这类学生。

正是社会发展需要"有创造力的人才"，才会要求家长更新自己的思维。不要陷在"唯分数是从"的陷阱里。随着社会的发展，家长对于孩子在品德和人格方面的要求发生了变化。

过去，家长的养儿防老，教育子女要出人头地、光宗耀祖的观念，必须要转变为把孩子培养成适应新时代发展的孩子，有远见和能放眼全球视野的孩子。以培养创新精神和实践能力为重点，把孩子培养成一个全面发展的孩子，而不仅仅是考了多高的分数，上了多好的名校。也要让孩子有话语权，有参与讨论的意识，这样孩子的思维能力才不会被压制和扼杀。传统的德育观念必须改变，如子女必须无条件服从家长，听话才是好孩子；不为人先，不为人后。应该培养孩子的科学与民主、自立与自强、公平竞争与合作等精神。

传统的重智轻德体、重知识轻能力、重分数轻实际水平的观念必须改变，应树立全面发展观念，学习知识与发展能力并重，重视创新精神与实践能力的培养，重视良好心理素质的培养和人际关系协调能力的发展。

那么在开发智力的同时，如何发掘孩子的创造力呢？陶行知的六大"解放"理论,可以帮助教育者激发儿童创造力:一是解放儿童的头脑,使之能思;二是解放儿童的双手,使之能干;三是解放儿童的眼睛,使之能看;四是解放儿童的嘴,使之能谈;五是解放他们的空间,使他们能接触大自然、大社会去学习更丰富的学问;六是解放他们的时间,不把他们的功课表填满,不逼迫他们赶考,不和父母联合起来在功课上夹攻,要给他们一些空闲时间消化所学的知识,并学一点他们自己渴望要学的学问,干一点自己高兴干的事情。

天才教育还是愚昧教育

每个父母都望子成龙、望女成凤,都希望自己的孩子将来能做一个对社会有用的人。孩子是每个家庭的希望和未来。有人形容,孩子就像陶土,而父母则是做陶器的,孩子的性格和命运会被父母掌控,父母是陶工还是匠人,这将决定你手里的陶土是废品还是精品。

犹太人在这个地球上人口比例很小,但却是世界上天才产生最多的民族。据福布斯杂志报道,世界上排名前四百位的亿万富翁当中,犹太人占60%,但他们今天全部人口还不到全世界人口的 9.3%。为什么?是巧合吗?爱因斯坦、马克思、巴菲特……他们都是智慧的代表,或者财富的代表。这么多历史名人都是犹太人,真的不是巧合。

很多人问为什么犹太民族会出现这么多成功的人,其实是教育的力量。

天才究竟是什么?有人说,是有些特殊的天分,有人说是有天生的才能,说得都对,但是在犹太人的心目当中,什么是天才?他们跟我们有不同的看法。他们说,天才分为两类。第一类是精神和品德上的天才。在犹太人的心目当中，如果一个孩子天生具备了非常好的精神和品格，他就是天才。这一点是非常值得我们中国的父母去思考的。我们会这样看我们的孩子吗？又或者说，当所有的老师都说你的孩子没有什么优点，就是善良，很多父母是不愿意接受的。他们更愿意听到的是什么——他学习好，他的分数高。可精神和品德才是犹太人心目中认可的天才的第一要素。犹太人最注重的是一个孩子要具备善良的天性。所以他们的教育没有那么功利性。所以很多孩子，只要他天生善良，就会被珍惜。

第二类才是我们所说的在各种领域上的特殊天分。从多元智能的角度，每个人都有八项智能。所以成人是有长有短的，孩子也是这样。他会在某个领域比较有优势，但在其他领域相对有劣势。这还是取决于我们做父母的在心目中如何看待他们。如果在你的眼中，他是个天才，那他就是个天才——犹太人就是这样的。

再看一下，我们现在大部分想把孩子培养成天才的父母，是怎么看待"天才"的。我对一些父母做过调查，他们心里认为的天才孩子应该是，两三岁能认字，四五岁能独立阅读，上小学之前学会一百以内加减法，会英语对话，会弹琴，能跳舞，还会画画。正是因为有这样的认识，才会有一些早教机构以"培养天才"为噱头，开出天价来吸引父母。

有一家幼儿园叫"天才教育幼儿园"，这个幼儿园一个月的费用是4万元，之所以开出天价收费，是因为学校能保证培养出"神童"。

幼儿园负责人说："我这里教出的孩子，2岁能识字，3岁能阅读，7岁可以上初中，15岁可以上大学。"学费如此高昂，孩子在学校都学些什么呢？据记者调查，基本上是国学、珠心算和英语课程。

另据幼儿园负责人描述，孩子的一天是这样度过的：早上6点30分开始早读，内容是英语（包括古典英语和新概念英语）、国学（比如

《论语》)、小学课文等。7点，孩子们要在小区的环形跑道跑步。4岁以上的孩子跑2000米，3~4岁的跑1000米左右。7点30分，进行宣誓仪式。孩子们一起喊："我是最棒的，我是最聪明的。"

该幼儿园在招生的时候也有一些"怪招"，他们认为，头圆的孩子小脑发育得好，具备成为"神童"的先天因素，这样的学生他们才肯接收。如果孩子头形是扁的，无论给他们多少钱都不收。

当然，我不反对任何一个收高价的早教机构或幼儿园，只要有人愿意送孩子来学习，这样的机构是可以存在的。但这种教育有两个误区：一是教育有一个漫长的周期，从2岁到15岁，孩子是充满变数的。二是从这个幼儿园的课程设置看，并不是儿童智力的开发，创造性思维的培养，而是中国万恶的应试教育向更低龄化的延伸。真正令人悲哀的是，这种打着"天才教育"旗号，从身体到心理对幼儿进行"摧残"的商业模式居然可以存在。这就是一个时代的悲哀了。在当代中国，儿童教育是一个潜力巨大的市场。为了争夺这个市场，出现了无数个"高尚"的概念：幼儿智力开发，让你的孩子成为天才，学英语从娃娃抓起，绝不能输在起跑线上，等等。这些概念已经固化在中国家长们的思维中，让我们在无奈中不断地迷失教育的本质。

而这种迷失，有可能变天才教育为愚昧教育，把本该无忧无虑地释放天性和自然的孩子，愣是催逼着提前进入戴枷锁的填鸭式流水线上。这样下去，如果孩子原本智慧具足，也会因为外界的过早施压，把自己的智慧消耗殆尽，变得厌学，怎么可能成为天才？

所以，做教育的人，为父母的人，要知道以下几点。

第一，天才儿童不是天生的，是天才教育和生长环境影响的结果。天才儿童的成长经历一再证明，家长只要注重天才教育，就有希望将自己的孩子培养成音乐家、画家、科学家、文学家等。即使孩子们没有我们所希望的聪明头脑，为人父母者也要树立坚定的信念，因为遗传不能决定一切，一定要坚信"所有的孩子都有可能成为天才"，但是切勿揠苗助长。

第二，学校不是万能的，孩子进入学校前所接受的家庭教育才是孩子一生中最重要的。因为学校教育的目的是使之考进重点中学、重点大学，而不是培养一个全面发展型的天才。其实人的一生在他上学前就差不多已经定型了，因为人们在上学前所接受的教育已经对他一生的性格产生了决定性的影响。

第三，天才教育没有固定的方法模式。在那些大量令人信服、心动的早教案例中，我们至少会看到以下两点教育方法：①遵循儿童的天性，采取启发、诱导的方式去开启儿童的智慧是最有效的。②天才教育真的能造就天才，但是徒有形式的天才教育是毫无用处的。

第四，父母要帮助孩子尽早自主、自立，其中最重要的一点是要帮助孩子树立远大的理想，但不是指为孩子指定将来发展的道路。

第五，孩子不是玩具，他们有自己的思维方式和处事能力。教育孩子要注意方法，因为他们无法接受他们不感兴趣的东西。我们一定要选择孩子们最喜欢的方式来进行教育，否则就无法收到良好的效果。

第六，天才教育不完全是一个向孩子灌输知识的过程，而是应该在向孩子传输知识的同时，让孩子逐步掌握获取、发现知识的方法。获取知识的方法和善于思考的能力才是孩子一生中最大的财富。

做人、做事重要还是成绩重要

我在给家长上课的时候，经常会问家长：您觉得教孩子一辈子做人、做事的态度重要，还是把他的分数从 90 分提到 100 分重要？是前者还是后者重要？前者。到目前为止还没有人说后者。你看我们的家长明不明智？听起来很明智。请问大部分的家长在做前面的工作，还是在做后面的工作？后面！"你这次考了几分？拿过来给我看！""你下次一定要考××分。"家长的脑子里都是分数。

所以，家长的言行都不一致，明明知道孩子做人、做事更重要，结果重点还放在成绩上。其实这也不能怪家长，因为很多家长还体会不到做人、做事对孩子一生的影响有多长远。而分数，100分马上看得到，而且还可以拿出去说"我的孩子语文100分，数学100分"，这样能获得虚荣心理的暂时满足。我们要冷静思考，今天我们把孩子都往分数这条路推过去，他会走出什么样的人生，你能看得到吗？过分注重分数和成绩的父母是把孩子推向——名利。还有一部分家长会说，"你就只管学习，考100分，其他事情一概不用你管"。说这句话的父母一定不是爱孩子的父母。如果我们把孩子往升学主义推，等孩子读完了大学，读完了硕士，走上社会却因为父母当初灌输的"什么都不用你管"，从而发现自己除了拿了一堆学历，什么都不会。

现在社会上经常失业的恰恰是那些高学历的人，因为他们觉得薪水低，不愿意做。而学历低的人，洗碗、扫地什么的都愿意做。现在每年大学毕业生非常多，但是有很多都失业。我们来思考一下，这些在教育体系里面培养了十多年的人才，出来用不上。

这跟父母脱不开关系。因为父母一直把孩子当成学习的机器，而没有让孩子学会做人、做事。

有位记者在调查日本小学生时发现：在日本乘火车、轮船旅游时，常常发现跟随父母旅游的孩子们，不论年龄大小，每人身上都无一例外地背着一个小小的背包。背包里装的也是些孩子们自己使用的生活用品，诸如毛巾、牙刷、牙膏、水杯、手帕，等等。这些生活用品，父母完全可以代劳，也增加不了父母的负担。可日本的父母为什么要孩子们自己背呢？

　　反观我们中国，情况就大不一样了：一家人外出旅游，孩子的生活用品都由父母给背着、拎着。孩子则空着手，在前边优哉游哉地边走、边吃、边喝、边玩。上小学以后，孩子的书包不是由他们自己背着，而是由父母，甚至由年迈的爷爷、奶奶，充当"书童"给背着。上学时，由家长背着一直送到学校大门口；放学的时候，又是由家长背着接回家，天天如此。

　　不仅孩子习以为常，家长也觉得理所应当。甚至考上大学的孩子入学，也都是由父母像"脚夫"一样，肩扛手提大大的行李袋送到学校。到了学校，还是由父母四处打听、东奔西忙，替孩子办理各种入学注册手续，父母给他们收拾宿舍、整理床铺、安置行李，忙得不亦乐乎，累得满头大汗。那么，他们的孩子在干什么呢？却是非常"坦然"地享受着父母"全程""优质""免费"的服务，一个个都是悠闲自得地在那里呆坐着。

　　孩子的随身物品由谁来背，这似乎是一件不足挂齿的小事。其实不然。"自己的东西由自己来背"，哪怕是象征性的，这对于养成孩子的自理、自立、自主的意识和能力，是非常有好处的。自理、自立、自主的意识和能力，是现代人必备的品格，是生存和发展的前提条件。

　　很难想象，一个不能自理的人，会有生活的自信和勇气；也很难想象，一个连生活自理意识都没有的人，会对家庭、他人、社会有什么责任感。

　　"你好好考试就对了，其他的事你都不用做，你就一直给我考试，一直考上去，大学毕业保证你有个幸福美满的人生！"有没有家长给孩子这样打包票？这是在告诉他，他只要把书念好，以后就是一帆风顺的。没有这种事！现在没有，以前也没有。孩子大学毕业了，假如他不会做人，不会与人相处，再好的机会也会错过。如果你告诉孩子，你只要一直读书，其他的都不用做，孩子就会缺乏责任心。一个孩子只有责任心，他才有担当。但是你告诉他，只要把书读好就行，那么，他读书究竟是为了什么？为了父母吗？这样只知道读书的孩子跟有孝心的孩子，那可是截然不同的。有孝心的孩子，他是要让父母放心，他是希望往后能让父母有好的生活，所以他会不断提升自己的德行跟能力，这样的孩子才会有发展。

所以，孩子的品德教育是父母责无旁贷的教育责任，培养孩子做人、做事的态度，是孩子品德教育的第一步。在父母的意识里，要把品德教育放到和智力开发同等重要的地位。轻视品德教育的后果我们已经看到了，很多"有才无德"的例子都在提醒父母——好品德是孩子成才的基础。

在崇尚道德和礼仪教育的我国，家长对孩子的教育正在渐渐落后于日韩等国。外国在这方面有诸多报道，孩子们在礼仪和长幼尊卑方面做得比我们好很多。我无意于崇洋，只是想说明，我们只有先教育好孩子才能有实力去上升到家庭之间的竞争，进而上升到国与国之间的竞争。否则，一切都是空谈。即使上不了那么大的层面，起码一个会做人处事的孩子，要比一个只会考试，变成"考试机器"的孩子，在未来的路要宽很多。

父母的影响力，孩子的好榜样

父母大概都认可这样一个事实：孩子在家不听话，但在学校会听老师的话。比如幼儿园的孩子，在家里父母说无数遍让喝水，孩子不一定喝，但在学校里，老师让喝孩子一定会去喝。为什么？因为在孩子心里，老师更有权威，或者说更有影响力。

在一个家里，谁对孩子更有影响力，孩子就更信任谁，就会听谁的。而且我觉得，父母还会在生活中各个不同的方面，对孩子有各种各样的影响。譬如，妈妈能接纳孩子的情绪，孩子就更信任妈妈，更愿意在妈妈那里释放情绪；孩子的爸爸知识丰富，孩子就更信任爸爸给他讲的知识，遇到不懂的问题会求助爸爸。

在孩子小的时候，无疑是孩子的主要抚养人发挥着主要的影响力。但是，随着孩子慢慢长大，孩子的世界里有了老师、同学、朋友、偶像等，这些人时时刻刻影响着孩子，而作为父母影响力似乎在慢慢地减弱。特别是到了青春期的孩子，已经有了自己的认识，不再会一直认同父母的价值观，就很容易和父母对着干。很多爸爸妈妈就会感觉到和孩子日渐疏远。而之前和孩子一直保持着良好亲子关系的父母，这时候，依然会保留着对孩子很大的影响力。

能和孩子有着良好亲子关系的父母，其实是不会要求孩子听话的。在一段要求听话的关系里，孩子不会感觉良好。在孩子的成长过程中，如果父母尊重孩子、接纳孩子、懂孩子，那么父母就会一直发挥很大的影响力，孩子就会一直愿意听从父母的意见，但不是听话。问题是，父母也并不是一直都是对的，所以父母要么自己去提升，要么树立正向的价值观影响孩子，要么允许孩子形成属于他自己的价值观。

我常在课上提及，父母如果没有影响力，孩子就会受其他人的影响。比如，一个总是抽烟喝酒不加以节制的父亲，他如果跟孩子说，醉酒是丑的，吸烟有害健康，孩子绝对不会买账。反之，如果一个父亲不抽烟，不喝酒，那么他就用自己的行动给孩子树立了榜样，孩子无形中就会受到父亲正向的价值观影响。如果你平时就喜欢和孩子们一同游戏玩耍，就无须向他们解释快乐对于你的生活有多么重要，因为他们早已看在眼里。

托尔斯泰有句名言："全部教育，或者说千分之九百九十九的教育都归结到榜样上，归结到父母自己的端正和完善上。"这便是育人先育己，每位家长都应牢牢记住这一点，这对完善孩子的人格起到至关重要的作用。

家长自身的行为在家庭教育中有着决定性的意义。不要以为只有家长有目的地同孩子谈话时才是教育孩子。家长在生活中的每一个瞬间都在教育着孩子。家长怎样穿衣服，怎样跟别人谈话，怎样和来客握手，怎样对待朋友甚至坏人，说话时的表情和举止，都在无形中影响着孩子，不过家长自己没注意罢了。

被称为"韩国第一妈妈"的张炳慧博士，曾经将自己的三个中国继子送进了哈佛大学和耶鲁大学，特别是曾经被认定有学习障碍的老二，哈佛大学毕业以后在曼哈顿商界叱咤风云，成为一流的企业家。她在《好孩子的成长 99% 靠妈妈》一书中认为，孩子在成长过程中是通过模仿，从生活中一点一滴地学习和积累人生经验的。忙碌了一天的她，每天回家做完家务，从来不看电视，她说，"对于忙碌了一天的我来说，看一个有趣的电视节目，放松一下紧张的大脑是一个非常不错的选择，但是，如果我看电视，孩子们也会去看电视。因此，我宁愿把看一本有趣的书当作休息。"在她的榜样影响下，三个孩子都把读书当作世界上最有趣的事。

父母对孩子的影响，行为比言语要重要得多。我国也早有身教胜于言传之说，不过，这一点远未能被广大父母所接受。在许多家庭，父母仍然对孩子说得多，示范得少，忽略了榜样在家庭中的力量。只要留心，到处可以看到这样的家庭：父母坐在电视机前，一看就是三四个小时，却让孩子待在另一间屋子里，严令其用心做功课，刻苦读书。孩子眼巴巴地看着自己的父母，天天晚上以电视为伴，书本连摸都不摸。更有甚者，夜里或打麻将或跳舞到深夜，或聚友狂欢，在家猜拳行令，让孩子好好学习，就成为一句空话了。

榜样是一种向上的力量，是一面镜子，是一面旗帜。对涉世不深的孩子们来说尤其如此，孩子的年龄越小，榜样的感染力就越大。孩子出生以后，首先接触的是父母及其家庭成员，其最初形成的行为习惯几乎都是从模仿家长而来的。在孩子的成长过程中，父母与其接触最早、最多、时间最长，因而是孩子学习的最直接、最具体的榜样。父母的一言一行，犹如一本没有文字的教科书，潜移默化地影响着孩子。在孩子面前，家长从自身的思想品德到生活小节，都不再是小事。要教育孩子具有较高的社会公德，家长自己就要努力成为这样的人。

我再次强调，孩子们需要行为榜样，父母需要为他们做榜样。父母平日里怎么说话，怎么使用口头禅，怎么谈论别人，都要注意给孩子传导正向的影响。否则，在背后说老板是个傻瓜，说邻居是个怪胎，或者说前面那辆车的司机是个白痴，这样孩子的内心一定会默默记下父母的这些言论。

想让孩子成为怎样的人，父母首先就要做好榜样，孩子会学习父母的一举一动。当丈夫在家时，妻子却对打来电话的人说他不在，妈妈就教会了孩子说谎；如果父母在吃饭时不注意餐桌礼仪，孩子也会缺乏应有的礼仪；如果父母对孩子动怒，孩子就会对别人动怒……

相反，如果父母能心平气和地讲话而不是怒气冲冲，则教会了孩子怎样在被激怒的情况下保持冷静；父母对自己说的脏话道歉时，则教会了孩子怎样对所犯的错误负责；父母对自己的怒气负责，便教会了孩子对自己的怒气负责；父母彬彬有礼，则教会了孩子彬彬有礼；父母能事事与大家分享，则教会了孩子事事与他人分享；父母能与人为善，父母的善良也传授给了孩子；当父母全力以赴做事时，孩子也会学着专心致力于所做的事情；父母常常读书，则培养了孩子对待读书的正确态度；父母吃健康的食品、积极地健身，那么孩子也会紧紧地跟从；如果父母以一种负责任的方式行事，那么孩子也将会以一种负责任的方式行事。

孩子从小不教育，大了难教育

俗话说"三岁看大，七岁看老"，一个人在青少年成长发育阶段形成的个性和价值取向会直接影响到其未来的学习、事业、婚姻、家庭和社会生活。从小接受任何教育都会逐渐培养起来不同的习惯和品德修养，对于孩子一生的成长将会产生非常重要的影响。

墨子见染丝者而叹曰："染于苍则苍，染于黄则黄。所入者变，其色亦变，五入必（系物的丝绦）而已，则为五色矣。故染不可以不慎也。"其大意是，在青色中染就是青色，在黄色中染就是黄色。所放入的颜色变了，它的颜色也就变了，将丝绦放入五种颜色（的染缸中），最后就是五种颜色了，所以染丝不能不慎重啊。

在我看来，教育孩子跟染丝是一个道理，而家庭教育决定孩子的底色。如果在家庭里没有给孩子好的教育，那么就等于把洁白无瑕的丝染错了颜色，再改起来谈何容易？这就是为何人们总说"教育要从小抓起"。孩子在年幼时具有极强的可塑性。他们就像河水的源泉，活泼而无拘无束，一旦被导向某一方向，就能转变它的流向。在社会的大环境中，为什么有的人有用，有的人没有作为，在这里起决定作用的就是其从小接受教育。

如今很多父母崇尚"快乐教育"，认为孩子小的时候不必太多束缚和教导，其实不然。很多真正能够影响孩子成才、成为一个了不起的人的重要习惯，就是从小养成的。小时候不打好基础，长大了就难了，或者要比小时候多花好几倍的精力去培养，事倍功半！教育孩子就如同盖高楼大厦打地基，小时候的地基打得有多稳固，决定以后楼的高度。

有一位父亲，他是企业高管，工作能力很强，业绩突出，但由于工作原因，陪伴孩子的日子屈指可数，教育孩子的担子全部落在孩子母亲一个人的身上，而在孩子上学以后，身为全职太太的母亲就天天打麻将，对孩子基本放任不管。常年出差不回家的父亲，为了弥补对孩子陪伴的缺失，每次回到家对孩子总是有求必应，给孩子大把零花钱。于是孩子从小花钱无度，过早跟社会上的一些"小混混"在一起玩，通宵在网吧度过，甚至去酒吧，成绩直线下降，初中没上完就辍学了。发展到后来，打群架被警察抓起来，这位当父亲的才后悔不迭。尽管自己的事业有了长足的发展，可是一想到孩子，他就痛苦不已。在他看来，这是自己最大的损失，工作是永远也忙不完的，但孩子每天都在长大，他成长的脚步等不了父母。在孩子小时候没有好好陪伴和教育孩子，孩子大了，已经再也回不到小时候，孩子接触的那些不良影响，已经不是这位父亲一个人的力量可以改变的。

所以，我常跟家长们强调，孩子小时候不教育，长大就难教育。在孩子入学前的 2~6 岁，做父母的不但要关注孩子的生理发展和社会性发展，更要关注孩子的性格培养和习惯养成。随着年龄的增长，孩子的自我控制能力不断发展，从 2 岁左右就开始逐渐学会遵守规则，逐步提高自己的社交技能。因此，父母需要像教练一样养育孩子，提高孩子在自我控制和处理社会关系方面的能力；开始制定规则并执行，这个阶段对孩子的爱就是教给他们规则和要求。当然，父母建立的规则也需要跟孩子逐渐提高的能力相匹配。所有这些方面，都很难依靠别人来取代父母的角色。

从 6 岁到青春期前后，父母不但要关注孩子的生理和心理发展，更要关注孩子的品格培养和价值观塑造。孩子到了 6 岁左右，自理能力大大提高，行为上表现得更加独立。因此，父母要为他们建立起一种生活方式，教给他们价值观和道德观,逐渐让孩子确立自己的人生观。在价值观引导方面,父母只有充分了解自己的孩子,才能真正走进孩子的内心世界,这更是无法靠别人来完成的。

完整的教育体系应该包括家庭教育、学校教育、社会教育和自我教育四个方面。家庭教育在整个体系中处于首要位置,学校教育处于主导地位,社会教育是外因,自我教育是内因。

而从孩子很小的时候就要树立起教育的意识,只有做好家庭教育,才有后续的社会教育和自我教育。常言"小处不可随便",放在教育孩子身上,我认为没有小事,任何一个小的错误,都会给孩子的未来带来不可估量的影响。

父母爱孩子还是更爱自己

如果向父母们提一个问题,你们爱自己的孩子吗?我猜想,大部分人会不假思索说出:当然爱呀,自己生的孩子能不爱吗?

事实上,我接触了大部分家长朋友后发现,说"爱孩子"容易,真正做到无条件地爱孩子却很难。而且多数父母在浑然不觉的情况下会犯下不爱孩子的错,或者说,并不像自己嘴上说的那样爱孩子,而是更爱自己。

有一些父母没有把孩子当成私有财产,是真心想奉献,但是由于知识上的不足,依然是受"爱自己"的潜意识支配,而不是由"爱孩子"的理性意识支配,结果孩子的幸福和成长还是被他们侵害。爱孩子并不是只有一腔热血就行了,那是一个技术活儿。

比如,很多父母不允许孩子顶嘴,自己说话孩子只能听着并且认可,表面上看是为了让孩子接受正确的道理，潜意识里则不是，无非是容不得辩论而已，孩子稍有反驳便火冒三丈，觉得孩子和自己作对，很不听话，甚至拳脚相加。如此"教育"，自然达不到沟通的效果，强压之下的灌输不仅孩子不会真心接受，还会强烈反弹，产生逆反心理。

比如，大多数父母总是要求孩子听话。这就是一种家长权威在作祟，家长的话就一定对吗？如果孩子不听话，家长就非常苦恼，甚至有的父母还为此打骂孩子，这属于典型的强权意识，凭什么孩子一定要听大人的话呢？爱孩子的父母一定是以尊重的态度去平等对待孩子的，而不是强令孩子听话。一旦让对方听话，就不是平等对话，而是高高在上。父母要威风，这不叫爱孩子，这叫爱自己，享受自己的权力瘾。

有这么一位家长，她平时的确爱孩子，自己舍不得买好衣服，也要给孩子买名牌，用她的话说，自己省吃俭用也要给孩子最好的生活。可是，她的儿子在学校与同学玩闹时，动手打了架，她被请到了学校，被孩子的老师狠狠地"教训"了一通。被请到学校让孩子的妈妈很没面子，她觉得，儿子犯了错，认为是自己作为母亲的失败，被请到学校是在讽刺她没有尽到自己的责任。儿子的行为让她气急败坏，回到家，她声嘶力竭地批评了儿子一顿，还动手打了儿子。

"你真给我丢脸，我怎么养了你这么个不争气的孩子？我一直告诉你在学校要老实点，不要惹事，你就是不听。我一辈子老老实实做人，你这么做，让我这脸往哪儿搁啊？平日里供你吃穿用度都是最好的，你就这样回报我吗？"

这样的批评教育足足进行了半个小时，直到儿子"深刻地认识到了自己的错误"。

批评打骂完儿子过后，这位妈妈觉得自己也做得有些过分，于是跟着孩子一起掉眼泪，还一边掉一边说，妈妈爱你才希望你什么都做得好。令她没有想到的是，儿子回了她一句："妈妈不爱我，如果你爱我，你就不怕我给你丢脸了。"

这位妈妈听儿子一说，才意识到教育儿子不过是在发泄自己的情绪而已。看上去是为儿子的行为或成长着急，实际上，儿子打架，她觉得是丢了自己的面子。

事实上，小孩尤其是男孩，与同学打打闹闹很正常，父母完全不必为此大发雷霆。倘若是孩子偶尔失误而犯错，父母更不可过重地批评孩子，对孩子发泄自己的情绪，而要给予孩子正确的引导。因为孩子的不当行为，父母为了自己的面子而指责孩子，或借助严厉地批评孩子来发泄自己的情绪，体现的是父母更爱自己。父母要尽量避免这种做法。

一般来说，大人之所以为大人，是因为有自控能力；孩子之所以为孩子，是因为没有自控能力。但很多家庭里经常出现大人像孩子、孩子像大人的现象，为什么呢？因为大人在家庭中缺少约束而丧失自控，孩子由于约束太大而强化自控。一些父母对孩子骂、打、倒苦水……美其名曰"管教"，但事实上，且不说这种方式是否可取，单说父母在做出这些行为时，往往失控，早已忘了管教一事，完全成了自己的情绪宣泄。一个女孩说："爸爸经常无端地就开口骂人，事情的起源都是很小的琐事，我小时候如此，现在还是如此，每个星期至少有两个晚上爸爸会破口大骂。"要命的是，本是父母的情绪宣泄，却在"管教"的名义下被说成了孩子的错，于是孩子就会生成"自恋人格"，即认为是自己导致了周围的一切，自己应该为这一切负责，就算到了工作中，也是惶惶不可终日。

在我的课上还有些父母会焦虑地说，孩子做什么事情都不让我放心；做什么事情我都想要限制、要求、控制，快要达到病态了。没错，父母一旦借着"为了你好"去要求或限制孩子，就会犯了爱自己超过爱孩子的错，这是一种浑然不觉、一不小心就会犯的病态，这种病态来自父母对自己的不信任和对孩子的不信任。

在我们身边，有没有这样一群父母，或者我们本身也在扮演着这样的父母：

要求孩子在房间学习，却总不放心孩子，偷偷在门外听动静，甚至不停进去打扰，理由是怕孩子不好好学习偷懒。

发现孩子成绩考得不理想，就认为孩子一定是偷懒造成的。

明明让孩子按照自己的喜好穿衣打扮，还是会对孩子的着装风格指指点点。

孩子分享一个好玩又夸张的事例，会对孩子说，你又瞎说了吧。

孩子说自己长大可以当航天飞行员，会说孩子，你真能吹牛。

孩子想参与大人的话题，父母会说：小孩子不懂事，瞎掺和什么。

看到别人家的孩子比自己孩子表现好，会说：别人咋那么优秀，你为什么不行呢？

上面这些父母的言论，是不是听起来很熟悉？每一个父母不经意就会说出这些不信任孩子的语言。看似简单却被父母忽略的东西，恰恰是一个孩子最在意或最宝贵的东西。一个孩子只有在信任中才能获得较高的自我价值感，才能拥有自信心。但是，在现实生活中，很多父母都习惯于凭直觉教育孩子，直觉往往凌驾于不假思索的语言上对孩子造成无意识的伤害和不信任。

所以，我一直强调，不会爱孩子的父母不是不爱孩子，而是不懂方法。当我们每一次想对孩子要求或限制或不信任的时候，一定要问问自己："我是爱孩子还是更爱自己？"只有你能正确审视自己，再来说爱孩子才是客观的。

无条件的爱是滋养，有条件的爱是伤害

每一位父母都深爱着自己的孩子，这一点毋庸置疑。但是，爱得是否对、是否有价值才是重点和关键。有句话说得好，爱孩子母鸡都会。意在告诉我们，嘴上说"爱"孩子很容易，究竟这份爱带给孩子的是滋养还是伤害，需要我们共同探讨。

父母释放给孩子爱的能量有两种：滋养和伤害。滋养就是无条件的爱，伤害就是有条件的爱。

心理学家认为，孩子的自信，对自己作为一个人的价值的肯定，从根本上讲是来自父母无条件的爱。

什么是无条件的爱？当孩子来到这个世界上，父母这样对孩子说：宝宝，无论你以后是健康还是病弱、聪明还是愚笨、听话还是捣蛋、漂亮还是丑陋、学习成绩好还是差，爸爸妈妈都会永远爱你，养育你直至你成为独立自主的人。这就是无条件的爱。仅仅因为你是我的孩子，所以我爱你，和你是个什么样的孩子无关。

这样的父母爱孩子，尽情地享受孩子的成长过程，享受孩子给自己带来的快乐，用尊重、鼓励、欣赏、信任的态度对待孩子。有父母的爱在支撑，孩子在外面不管遇到了什么，都无所畏惧："我爸妈爱我，肯定我。"他心里非常踏实，知道自己拥有取之不尽的力量，可以面对整个世界。

孩子心中最渴望得到的东西，就是父母的爱、无条件的爱。因为他是父母的宝贝，不是因为他是什么"钢琴神童"或是"数学天才"，或者他得过什么奖。如果父母的爱是有条件的：你学习好了爸妈才会满意，你奥数比赛

得奖了爸妈才高兴，孩子心里会怀疑自己，对自己失去信心，并学着戴上势利的眼镜去面对爱与关怀。父母如果不切实际地一再对孩子提出高标准，孩子长此以往会变得紧张、焦虑、患得患失。

很多父母跟我抱怨说，明明自己特别爱孩子，总是想尽最大努力给孩子好的生活，总是想满足孩子一切需求，但爱到最后发现，孩子跟父母之间连话都不想多说，更谈不上真诚地沟通，更有一些孩子在父母所谓"爱"的光环，变得不领情、不感恩、不自信。为此，很多父母不理解，不知道为什么自己的孩子会变成这个样子。殊不知，原因都在我们自己身上，因为我们对孩子很难做到无条件的爱，我们的爱都是有条件的。

不信我们看看下面的场景。

当孩子出现我们所不能容忍的状况或行为时，你是怎么做的？你是不是总是生气地向孩子咆哮？是不是会责骂、抱怨、唠叨，甚至打骂孩子……可是，你有没有想过，这其实是孩子对我们爱的考验：如果我不够好，爸妈还会爱我吗？如果我不听话，爸妈还会爱我吗？如果我不懂事，爸妈还会爱我吗？如果我犯了错误，爸妈还会爱我吗……

孩子刚生下来的时候，我们会说："只要健康就好！"稍大一些的时候，我们会说："快乐就好！"可是，随着孩子的慢慢长大，做父母的心态和做法也在不断背离初衷，会在不知不觉中把一堆要求放在孩子面前："你必须听话，必须好好学习，必须考个好成绩，必须懂事，必须……"如果孩子达不到我们的要求，我们就会开始指责与训斥，全然不见了曾经的满足。每当孩子让我们感到不满意的时候，我们就会生气地训斥孩子："你再哭，再哭妈妈就不要你了""你怎么把家里弄得这么乱啊？赶紧收拾一下，要不妈妈不爱你了""好好吃饭，不准乱说话，否则明天就不带你去游乐园""乖乖写作业去，不听话妈妈就不疼你了"……你是否知道，这样的训话在孩子看来就是：爸爸妈妈并不会无缘无故地爱我，哪怕我本身并不乐意，都必须让他们满意，我的行为必须合乎他们的要求，他们才会爱我。

这样有条件的爱，对于孩子就会出现对抗、抱怨和指责。而无条件的爱，也就是爱和心的教育，这种教育才能启动孩子的内在资源。让孩子真切感到父母的爱，而不是附加条件的"伤害"。

践行"饭碗教育"还是"梦想教育"

在一次家长课上，我现场对家长做了调查：希望孩子将来考上好学校，有好工作的请举手，现场大部分人齐刷刷地举起了手，我又问，希望孩子按照自己的爱好和梦想过一生，哪怕这一生很平庸没有好工作，甚至没有高收入的请举手。只有两三个人举手。

这个现象说明一个什么问题？在大部分父母心中，认为孩子只有考上好学校，有好工作才是他们追求和渴望的。而对于一个孩子的梦想和爱好，父母基本可以忽略，或者是关注得不够。也就是说，父母宁愿孩子没有爱好和梦想，而要去选择好学校、好工作、好薪水。这有错吗？没错，为人父母谁不希望自己的孩子有靠谱的工作和高薪呢？而事实上孩子对于父母的这种渴望会有同理心吗？人人都有此念，想要好学校，好工作，甚至是好收入。所以，很多父母挂在口头上的就成了"一定要好好学习，将来才能有个好工作，才能养活自己"。这种教育没错，但没境界。如果一个孩子学习仅仅是为了将来能养活自己，孩子哪能有动力？如果回到 20 世纪 70 年代以前，这种提法和教育也许能奏效，因为那时的人们温饱都很难解决，改变命运的出路似乎只有好好学习，考上大学，找到好工作。我在前面已经谈过，现在的孩子已经变了，他们面对的不再是生存的问题，也就不再是饭碗的问题。如果父母还是用这一套"饭碗理论"来让孩子认同学习的重要性，就会显得有些力不从心，孩子也不会特别在意。

"饭碗教育"说到底是家长自创的一种"危机教育"模式，即在孩子还不谙世事的时候，提前将社会竞争激烈的现实告诉孩子，企图激发孩子发奋读书。按照常理，"危机教育"应该是一种有效的教育。但前提是孩子本人深刻地感受到了这种危机，并因此产生了摆脱这种危机的紧迫感。

例如，当农村的孩子随着大人来到城市，看到世界上还有另外一种生活方式——可以走在柏油马路而不是有牛粪的泥泞小路，可以在明亮的日光灯下读书，而不是在昏暗的煤油灯下读书的生活时，孩子的灵魂因此承受了剧烈的震动，并开始对自己进行"危机教育"——如果我不好好读书，我就会永远只能赤脚走在有牛粪的泥泞小路，甚至连在煤油灯下读书的自由也会被剥夺。

这也正是很多出身贫寒的孩子，通过努力读书，改变了命运的原因。现在正处在中小学生家长位置上的这一代人，很多人也正是在这样的"危机教育"中自我奋起，并因此而改变命运的。所以，当看到孩子不发奋、不努力、不进取时，他们会自然而然地拿起"危机教育"的法宝，用在自己孩子的身上。

但是，这样的"法宝"失灵了！为什么呢？原因既简单又复杂。就是因为家长们忽略了一个大前提：环境和时代发生了变化，现在的孩子们生活在一个物质相对丰富的时代，很多家庭只有一个孩子，即使不是大富大贵的家庭，普通人家的孩子的生活也是衣食无忧，家长为他们描绘的"危机"，在孩子们看来不过是像家长在他们童年时讲的"狼来了"的故事，孩子们的第一个反应是"不相信"；第二个反应是"即使信，也觉得离自己很遥远"，而且孩子还有一个心态："不用怕，有父母在，能让我饿死吗？"

当然，"饭碗教育"和"危机教育"也不是对所有孩子都无效。到了高中阶段，孩子在激烈的竞争中已经感受到了扑面而来的危机，知道家长并不是在"吓唬"他们。但是，对已经有危机感的孩子进行"危机教育"也许并不合适，它往往会增加孩子对危机的恐惧感和想成功、怕失败的焦虑感。而这种恐惧与焦虑不仅不会变成孩子的动力，而且还会变成压力和阻力。

与"饭碗教育"相对的，我认为是"梦想教育"。一个有梦想的人，会为了自己的梦想冲破重重阻力去努力实现，而且在实现的过程中会化困难为动力。就像周恩来总理小时候抱定的一个梦想"为中华之崛起而读书"一样，这一梦想最终让他圆了为国崛起之理想。莱特兄弟从小梦想着飞上天，最后也实现了。罗琳从小梦想着能写出神话故事，《哈利·波特》让她誉满全球。施瓦辛格从小梦想当一名演员，苦练身材，最后成了最健美的男一号。所以，不怕孩子不学习，就怕孩子没有梦想和爱好。只要孩子有梦想，家长要做的就是呵护孩子的梦想，引导孩子的梦想，让孩子为了自己的梦想去学习，去努力。

比如像数学、物理、化学等学科的奥林匹克竞赛，中国的孩子要比美国的孩子强得多，美国孩子的成绩在全世界排三十几位，中国的孩子经常名列前茅。可是十几年后，他们拿奖的机会就会越来越少，而美国的孩子却在许多领域里出类拔萃。美国的孩子尽管在学生时代知识的积累不是很多，但是他们在自信、想象力和创造性方面的培养却值得我们学习。

在对孩子进行教育时，应该尽可能摒弃类似"饭碗危机"形式的教育，而从早选择对孩子进行"梦想教育"。因为科学家的科研实践证明，无论是孩子还是成年人，只有在为自己的兴趣和梦想学习和劳动时，才会以苦为乐，乐此不疲。

所谓"梦想教育"就是要从孩子的兴趣入手，发现孩子的潜能优势，点燃孩子的"梦想"，让孩子为自己的"梦想"学习。家长首先应该明白这种教育方式的几个基本原则。

第一，家长要明白，每一个孩子的生命里都有"梦想"的种子，家长的任务只是发现、呵护和培养。发现的方法主要是观察、倾听、交流和沟通。在现代科技发达的前提下，也可以辅以测评手段。

第二，"梦想"一定要是孩子自己的"梦想"，而不是家长强加给孩子的梦想。

第三，当孩子的"梦想"与大人期待的"梦想"大相径庭时，要充分尊重孩子自己对"梦想"的选择。当然，前提是孩子的"梦想"不能违背社会的主流价值观。

第四，当孩子的"梦想"也就是人生的奋斗目标确定后，家长要做孩子梦想的守护者和孩子实现梦想的相伴者，千万不能越俎代庖。

第五，帮助孩子实现"梦想"，家长要帮助孩子制订实现这个"梦想"的近期目标，而后根据这个目标找出孩子实际存在的差距，再根据这个差距制定缩小差距达到目标的具体措施，督促孩子把这些措施落实到具体的行动上。

第六，家长还必须明白，不能把孩子的"梦想"确定为考上某一所名牌大学，更不能是在某一次考试中排名多少。"梦想"是孩子根据自己的兴趣爱好加上科学测评后的获得相关指标，由孩子、家长、老师甚至还有专家共同为孩子设计的人生奋斗目标。"梦想"比考名校、争名次意义要大得多。如果"梦想"只是一个在三年五载就能实现的具体目标，孩子一旦实现了这个目标，人生就会陷入新一轮迷茫。

第二章

影响父母成长的三大死穴

总想让孩子听话——逼孩子失去自我

我接触过几个课后咨询的家长，他们最苦恼的问题是"我家孩子总是不听话，怎么办？"每次听到这样的问题，我总会有一种无力感。父母太想让孩子听话似乎成了大部分父母的共识。他们认为，只有听话的孩子才是好孩子，只有乖孩子才是有出息的孩子。

从小到大，几乎所有的家长都会对孩子说，希望你是个听话的孩子。于是大家都努力地成为一个听话的孩子，有想法不表达，有委屈不说，有欲望不求。似乎这样可以让家长们感到轻松，可是做这样一个听话的孩子，就一定好吗？或者说，家长真正把孩子培养成一个唯命是从的孩子就一定对吗？

当社会发展，人人都在喊着个性、创新、创造力的同时，很多父母依然放不下对孩子的最原始控制，就是力求让孩子做到听话，做到乖。在家，家长希望孩子听话，上学老师希望孩子听话，走上社会领导希望员工听话，这样下来，我想问，这样从小长大的孩子，他还是一个独立自主的人吗？他还能有创造力吗？

听话意味着无条件服从、不能发出不同的声音、不能表达独立的见解、不能有不合"规矩"的行为。同时听话也意味着失去自己的个性、失去独立思考的能力！"听话"就是一副精神枷锁，牢牢地套住了孩子！过于"听话"的孩子，由于习惯顺从别人，凡事绝对服从，也喜欢依赖别人为自己做的一切安排，他们做事的主动性和积极性就会受到影响。在我看来，"听话哲学"就是培养孩子的奴性，让孩子唯命是从。而且，一个表面听话的孩子，内心怎么想的，家长知道吗？

我有个高中同学就是很好的例子。

高中的时候他学习一直很差，成绩也是班里垫底的，每天上课只做两件事，睡觉和看小说。但他在父母眼中是乖乖男，可是在外人眼里，他是一座"活火山"。

在家里从不和父母争论，慢性子，看起来是那种万年好脾气。但是后来因为值日的问题和老师发生了争吵，两人面红耳赤地争吵了一节课。

事后老师找他聊天的时候，听他说只是在家里太压抑了，有些和家长的矛盾就憋在心里，时间久了，和别人稍有矛盾脾气就上来了，根本控制不住……

所以，太听话的孩子容易把事情憋在心里，久而久之不仅会造成心理上的压力，一旦爆发还会影响孩子的人际交往。

一个听话的、失去个性的、只会服从不会独立思考的孩子又怎么会有创造力？即使我们作为家长不要求孩子有多么高的创造力去拿什么诺贝尔奖，但孩子长大后人云亦云、唯唯诺诺、毫无主见、被别人操控也是我们不愿意看到的吧？如果是这样，赶紧改变评价孩子的标尺，保护好孩子的个性。允许孩子说"不"，允许孩子不必随时照大人说的去做，鼓励孩子有与众不同的想法，鼓励孩子大胆地探索和发现。

德国心理学家海查曾做过一个实验：对 2~5 岁时有强烈反抗倾向的 100 名儿童与没有反抗倾向、总是很听话的 100 名儿童跟踪观察到青年期。

结果发现，在儿童期有反抗倾向的人中，有 84% 的人意志坚强，有主见，有独立分析、判断事物和做出决定的能力；而儿童期没有反抗倾向的人中，仅有 26% 的人意志坚强，其余 74% 的人遇事不能做决定，不能独立承担责任。

在孩子听不听话的事情上，我看过一则报道：

> 一个刚上初中的小女孩，妈妈在她书包里发现一封男生写的情书，于是不问青红皂白把女儿臭骂一顿，结果女儿并没有听妈妈的话，依然和这个男生保持着良好的同学关系。在妈妈眼里，女儿犯下了滔天大罪，竟然把女儿拉到河边，指着深不见底的河水问女儿："你是听我的话，还是让我死给你看？"女儿看着气得失去理智的母亲，吓呆了。结果这位妈妈先是拉着女儿要把女儿扯进河里，随后是自己哭天喊地要跳河自杀。好在岸边有人，有人劝解，有人报警，最后在警察和群众的帮助下，才免去母女俩落水的危险。

这个事情也许是个特例，但让我震惊的是，比起听话，生命都可以变得无足轻重，这是多么可怕的思想。一段正常的同学关系，在母亲眼里却变成了早恋。这位母亲不但没有采取智慧的解决方法，反而采取了极端的手段来逼迫女儿听她的话。我们可以想象的到，这样做将带来什么样的后果。

小时候需要听话，长大了还是需要听话。我们或许听过这种报道：某某母亲为了不让女儿嫁给他们不喜欢的男朋友，以死相逼。理由是：我女儿长得这么漂亮，那个男人不配。我女儿挣钱多，那个男人不配。这是具体理由，还有抽象理由，譬如我是为了女儿幸福，哪怕是女儿无比爱那个男人，而且他们是彼此相爱。

其实，最后母亲的理由竟然是：女儿原来什么都听我们的，并且她承诺，恋爱前，一定会带那个男人给我看，我答应，她才继续发展，可是她背叛了我，她竟然恋爱半年后我才知道！

依照心理学理论，这些母亲与女儿构建了病态共生的关系，女儿彻底顺妈妈的意，这让母亲在这个共生关系里有了一种无所不能感，这份感觉成了她的自我核心感，而当女儿突然不听话时，她的这份无所不能感就被颠覆了，她的自我也破碎了，这会让她有死亡感。

她转而控制女儿，用各种极端手段，不惜闹得你死我活，就是为了恢复她发号施令而女儿听话的病态共生关系，好让这个共生自我重新复活。

但如此一来，女儿的自我就被摧毁了。所以，最终，这位女儿的选择将会两败俱伤，她与心爱的男人分手，让妈妈的这一意愿实现，但此后她远走高飞，以这种方式彻底脱离了与妈妈的共生关系。

孩子小的时候，被要求听话，按父母的意思穿衣服，选学校，甚至交朋友，长大了被要求听父母的话选工作，选结婚对象，甚至选工作地点和选房子。这样的一套听话教育，最后让孩子彻底沦为了"听话的工具"，父母用所谓的"为了孩子好"逼孩子渐渐失去了自我。

用兴趣班当枷锁——抹杀孩子天赋

有位家长在课上跟我抱怨，说明明知道给孩子报很多兴趣班不是很科学，但是她就是停不下来。用她的话说，"我也知道这个年龄段的孩子应该尽情地玩耍，但是作为家长，我不能让我的孩子在人生的起跑线上输给别人。周围的家长和孩子都在拼命报班学习，我如果不这样做，将来怎么对得起孩子？在当今竞争如此激烈的社会里，孩子能多学一点技能肯定是利大于弊的。虽然这样做有些残酷，但是比起未来被社会淘汰，我宁可让她现在辛苦一些。"

我问她，所有报兴趣班的孩子，一定是自己的兴趣吗？有没有被逼去学呢？这位妈妈又说了："即使大多数孩子都是只会简单地弹琴；另一部分只会简单地唱歌、跳舞。而你的孩子不会，站在人群中，该有多痛苦呢？击剑、打冰球、骑马、打高尔夫、下国际象棋等已成为热门，别的孩子都能聚在一起聊这些话题的时候，你的孩子看见后却呆在原地，看着朋友们在场上运动，孩子作为'吃瓜'的观众，站在场上，该有多无助呢？这是一种差距上的无助。"

这位家长的话代表着相当一大部分家长的心声。近年来，舞蹈班、钢琴班、英语班、美术班、围棋班、武术班、奥数班、击剑班、马术班、口才班……各种类型的兴趣班潮水般包围着成长中的孩子们，越来越多的家长也热衷于为孩子报各种班。

"我儿子又报了一个乐器班，你家孩子吉他几级了？"

"听说×××儿童英语不错，我家孩子已经报名了，你家娃去不去？"

"我家孩子报了美术班，你家孩子现在画得怎么样？"

类似这种似乎也成了不少家长见面时的标准开篇语。这种现象说明了两种情况：

一方面，家长盲目跟风；看这家孩子舞蹈跳得好，他家孩子也要跳舞；看那家孩子英文说得好，他家孩子也要学英文；再遇上老同事家的孩子居然钢琴都考级了，他家孩子可是要赶紧学钢琴；又发现老朋友家的孩子会做奥数题自家孩子压根儿不会，那可不行，得赶紧学啊！盲目的结果就是没有找到自家孩子的优势与短板，有的放矢，只是一味地跟风起哄。最后，孩子就像赶场一般的出入各类兴趣班，苦不堪言，往往抓了芝麻，丢了西瓜；要么干脆就彻底排斥这门科目，兴趣班没有激发孩子的兴趣，倒起了反作用。

另一方面，家长独断专行，强加给孩子自己的意志；有这种心态的家长，往往会比较强势，过于主观地认定孩子应该怎么做，而非孩子主动要求做什么。这类家长会把自己孩童时期的遗憾加给孩子：比如，爸爸妈妈小时候特别喜欢×××，但是因为种种原因没有办法完成，现在就靠你来实现了！孩子喜欢还好，孩子不喜欢也要孩子尝试帮自己圆梦的家长也是有一部分人存在的。

在我看来，所谓的"兴趣班"，核心的点就是要有"兴趣"，一定首先是尊重孩子的兴趣和意愿。我们都知道，兴趣才是最好的老师。所以，家长在选择兴趣班的时候，不要自作主张、随意、武断地替孩子做决定，而是应当和孩子充分沟通，注意观察孩子的喜好，再为孩子选择他最感兴趣的活动，这样才能使孩子对这个科目真正提起兴趣。更何况大多数孩子对某件事物的兴趣并非是在兴趣班中培养出来的，如果家长想用通过给孩子报兴趣班的方式增加孩子的某项技能，反而有可能抹杀孩子的某种兴趣，甚至让孩子产生逆反心理。如果父母不顾孩子喜不喜欢，强行报各种兴趣班，浪费孩子时间，造成孩子疲惫是小事，真正的危害是抹杀了孩子的天赋，使孩子对这一爱好再也提不起兴趣。

我的一个朋友有过这样的经历，她可爱的女儿3岁时就表现出极高的音乐天赋，5岁的时候就能够将听过的音乐简单地在钢琴上弹奏出来。好强的妈妈立志要将女儿培养成为出色的音乐家，因此对于女儿音乐艺术的培养表现出了超常的执着精神，工作之余，她把时间几乎都倾注在了女儿的音乐教育上。钢琴、声乐、古筝、小提琴、架子鼓、管弦乐、打击乐、键盘乐一个都不能少。然而，因为不堪重负，孩子忽然觉得音乐很可怕，天天被妈妈逼着练完这个乐器，练那个乐器，上完这个老师的课赶着上另一个老师的课。于是，直到有一天，孩子被妈妈逼得开始反击，拒绝练习任何乐器，不接受任何音乐项目，开始花大把的时间在屋子里玩布娃娃。经朋友介绍，她给孩子做了一份适性发展测试。

报告显示，这个孩子在音乐方面确实很有天赋，但因为强行学习使得孩子短时间内学习过多乐器，使得孩子反感，产生了另一种相反效果。不但没有发挥出自己的天赋，而且变得开始讨厌音乐。我的这个朋友看着一屋子给孩子买的乐器，深深懊悔自己急于求成的心态造成了适得其反的结果。

现在社会上兴趣班很多，家长选得眼花缭乱，孩子忙得怨声载道。图什么？其实，兴趣班仅仅只能作为一个载体，连接学校教育与家庭教育的桥梁。正确的培养出孩子的兴趣，孩子的各个方面发展不可小觑；错误地扼杀了孩子的兴趣，孩子的某个方面发展将受到终身的影响。所以，真正建立兴趣班的兴趣，才可以事半功倍。

在我的班上，有一个家长讲的她对于孩子上兴趣班的事情就很有借鉴意义。

他们家的孩子从两岁开始就表现出了对画画儿的敏感和兴趣，不论是墙上还是书本上，甚至是地板上，只要给孩子一支水彩笔，孩子就会画得不亦乐乎。甚至一画半天，非常享受自己的画画世界。孩子的父母发现孩子有画画天赋，一直观察孩子。三四岁的时候孩子的画儿已经画得非常不错，在线条流畅度、形状的把控上都超过了同龄孩子很多。这时，妈妈想早早给孩子报个绘画班，爸爸却找了很多早教方面的书，发现对于过早让孩子上正规的美术培训班，说法不一。有的说画画儿培养孩子的想象力是关键，过早介入引导画画，会扼杀孩子的想象力。比如，老师认为树叶一定是要涂成绿色的，雪化了一定是水，而不能是春天。于是这位爸爸就采取了缓一缓的态度，没有跟风也没有盲目选择普通美术班培训。而是带孩子看不同的画展，广泛寻找大师级的名画让孩子欣赏。等到孩子六岁，快要上小学，很多事情都有了自己的一些想法，这位爸爸问孩子。要不要学画画，孩子非常想去，于是这位细心的爸爸又亲自试听了好几家美术培训班，发现有一家美术培训班，不教孩子上来就学传统的素描、线稿等，而是带着孩子阅读故事，然后让孩子听着故事发挥想象力，于是给孩子选择了这家美术培训机构。事实证明，这位爸爸选择得非常明智，孩子的画画水平持续不断提高，不但想象力在增长，更主要的是每一幅画孩子都能凭想象编出一个故事。

只要孩子感兴趣的事，孩子就会做得超出父母的想象。所以，我一直强调，教育有方的父母会引导孩子，把小兴趣变成大兴趣，最后玩出名堂。教育没有方法的父母，一味地把孩子送进各种培训班，结果钱没少花，孩子的兴趣不但没有提高，反而被扼杀了不少。

在《卡尔·威特的教育》一书中，老卡尔·威特认为不管孩子学什么，首先必须唤起孩子的兴趣，只有当孩子有兴趣时，才能取得事半功倍的良好效果。而唤起孩子的兴趣，发现孩子的潜能的最好办法是游戏。

例如，他教孩子学数学的时候，孩子刚开始并不喜欢。于是，他采用了游戏的方式，如把纽扣和豆子等放在纸盒中，父子各抓一把，数数看谁的多；或者在吃葡萄等水果的时候，数数它们的种子数；或者在剥豌豆的时候，一边剥一边数不同形状的豆荚中各有多少颗豌豆等。再进一步，把豆子和纽扣分成两个为一组的两组或三组，三个为一组的三组或四组并计算数量，再做成乘法口诀等。在游戏中，儿子逐渐明白数的概念、学会将数学知识运用到实际生活中等。

在对数学产生浓厚兴趣后，小卡尔·威特就爱上了数学。

这个例子很明显，在孩子的兴趣表现得不够明显的时候，千万不要硬要求他们学什么，我们不妨根据具体情况，有目的地和孩子做游戏，发现并培养他们的兴趣和潜能。

生了不养或隔代抚养——父母失职

有人说，中国的老人很累，因为他们不但养大自己的孩子，还得养子女的孩子。他们大部分不是含饴弄孙，而是被逼无奈。

这话说出了我们现在大部分老人的普遍状态，城市里的年轻父母因为有工作，大多数自己带不了孩子，需要老人帮忙。在我们国家农村，不仅仅是老人帮着带孩子，应该说是老人帮着抚养孩子才更确切。年轻的父母丢下年幼的孩子出去打工，美其名曰为了孩子美好的将来，随意将孩子撇给年迈的父母。于是，这类孩子便有了一个共同的名字："留守儿童"。

中国"留守儿童"的父母到底挣了多少钱？不知道。反正挣钱不挣钱，他们都将抚养教育下一代的责任轻易地卸掉了。他们的青春没有虚度，他们的精力十分旺盛，他们的日子舒心惬意——因为，他们已忘了自己的责任。

中国传统文化中四世同堂、儿孙绕膝是件很美好的事情，是家庭生活中彼此温暖、合理互助的一种形式。现在，绝大多数老人都会帮子女照看孩子，这既是传统文化的延续，也是家庭成员间很现实的关怀。但这件事应该做得有度，如果"隔代帮忙"变成"隔代抚养"，就会过犹不及，变成帮倒忙。

很多家长在孩子刚过了哺乳期，一岁左右，甚至更早，就把带孩子的任务"承包"给爷爷奶奶、姥姥姥爷，即使生活在一个家里，孩子的吃喝拉撒睡一切事务，全部由老人包办，父母在孩子的生活中只是业余角色。更有一些没条件和老人生活在一起的家长，干脆把孩子全托给老人，一周见孩子一次，或一月甚至一年见一次。

针对这种生了不养或隔代抚养的现象，有部门做过调查，结果显示，超过70%的年轻父母选择把孩子交给老人照顾，在这部分人群中，0 ~ 2.5岁的孩子，主要由老人抚养照顾的占总数的60% ~ 70%；3岁以后，大部分孩子上幼儿园，老人带孩子的比例会下降至40%左右。仅有27.45%的年轻父母选择独自抚养照顾孩子。

中国民间有种说法，孩子要屎一把尿一把地亲自拉扯才会亲，这是非常有道理的。血缘固然是一条纽带，但仅靠血缘沟通亲情，恐怕不够。如果和孩子早期相处不足，彼此间的情感联结就会比较稀疏，而这种联结是有时间段的，错过了就很难再建立新的联结。这一点也已被现代心理学研究所发现和证实。

所以，作为我们新一代的父母为了不走自己父母的老路，我们要学会如何当父母，如何变成合格的父母，既不给父母添麻烦，又不让孩子幼小的心灵充满无助和凄凉。

我看过一篇文章，题目为《德国老太教我做父亲》。作者说自己在德国带儿子，由于工作繁忙，有时会将儿子托付给邻居老太。刚开始这老太和颜悦色，后来便有所不满。一日，作者收到一张法院的传票，原来是这位德国老太将自己告上了法庭，德国老太指出，作者每天与儿子相处的时间过短，且与儿子相处时，大部分时间儿子都在睡觉，不利于孩子成长。后来，经作者辩护律师说明中国教育方式与德国的不同，且作者也一再保证以后一定多与儿子相伴，法官才原谅了他，德国老太也与他握手言和。

与德国人教育孩子的严谨相比，我们是不是差了很多呢？且不说我们那么多媒体网络上不断传来的孩子因无人监管受伤害甚至失去生命的案例有多么触目惊心，单那些没有受到身体伤害的留守儿童，他们还不是日复一日地忍受着精神和心灵的双重伤害？而这些把孩子变成留守儿童的父母，他们怎么能是合格的父母呢？

在学校里，一名教师走上讲台，必须要经过师范院校的几年苦读，通过教育学、心理学的考试，经过全国教师从业资格的考试，然后再经过几周学期前的备课熟悉学生，才能在台上讲四十五分钟，要讲好还须台下苦练功；做医生的，要经过苦读多年，写论文，还要实践，一步步摸索总结经验才能达到扶伤，还不一定能救死。所以，做人父母者，如果未曾有一点准备，不曾看过一本家庭教育的书籍，忽然间就成了人父人母，又是"第一次"，孩子的人生又不容试验，谁敢轻言自己做家长称职呢？

我们有没有问过自己，做父母合格了没？我们懵懵懂懂开始成为一个孩子的监护人，仅仅是被称为爸妈就够了吗？我们有没有尽到抚养孩子的责任，有没有用心陪伴，用没用科学养育。尹建莉老师的《好妈妈胜过好老师》一书里有许多观点我都很认同。对于现代家庭教育中一个很普遍的问题，作者如是说：现代家庭教育中的一个很大的问题是父母可以为孩子付出生命，却不肯为孩子付出时间和心思。

不要把孩子轻易送回老家，让老人或亲戚帮着带。要尽量想办法把孩子留在自己身边，最好能天天见到孩子。有实际困难，应该由家长去克服，不要让孩子来扛。

即使你和孩子生活在一起，也要注意，不要心里只装着工作和社交，仅仅拿出所剩无几的精力和时间的边角料来分配给孩子。不要对孩子的需求漫不经心，要认真对待和孩子相处这件事，不要让你的孩子置身于精致的房间，却成为精神上的"留守儿童"。

把养育孩子的责任推出去，这种教养方式对儿童的损害不会立即呈现，但孩子不会白白做出牺牲和让步，任何不良的成长过程都会在他的生命中留下痕迹，成为日后影响他生命质量的一个病灶。

很多父母因为工作的原因，长年都没有办法陪伴孩子，孩子都交给祖父母来养育，最常见的情况是，孩子由老家的爷爷奶奶（或姥爷姥姥）带到三岁以后，才回到父母身边。

父母可能认为这时候的孩子已经可以独立活动了，在生活上不需要大人太多照料，又可以上幼儿园了，于是接到身边，以为最艰难的时期已经过去，以后的养育就容易多了。但殊不知，这给将来的养育（甚至一生的发展）带来更大的麻烦。

这样一个养育过程是有很大缺陷的。一是老人的生命状态及不良习惯，还有孩子因缺爱（母爱）造成的心理营养不良，导致孩子的身心发育都有问题。回到父母身边后，他的生命状态和生活习惯与年轻的父母又有冲突，父母看不惯，因为他不是父母的作品，而是爷爷奶奶的作品，不是按父母的意愿，而是按老人的意愿塑造出来的。父母没有经历孩子养成这些习惯的过程，不清楚这些习惯的来龙去脉，在心理上很难接纳。孩子一到身边就已经是个半成品，要去改造他，而改造比塑造更难——老裁缝都宁肯做新衣服，不愿改旧衣服——年轻父母本来就没有经验，一上手就接这个最难的活，肯定做不好。一做不好就沮丧、烦躁，一烦躁脾气就大，孩子就遭殃。

还有感情问题。孩子虽与父母血缘关系最近，但养育他的是老人，老人与他也有血缘关系，也很爱孩子。这个阶段的孩子，由于很脆弱，必须依赖成年人抚养，他很容易与抚养者建立依赖关系——就连刚出壳的小鸭，它身边只要有一个庞大的、活动的物体，它就把它当成妈妈。如果待在它身边的活动物体是母鸡，母鸡就成了它的妈妈；如果是一个人，人也会被它当成妈妈。如果一个婴儿从小被人抱养，他心目中的妈妈就是那个抱养者——把孩子交给老人带，真的就相当于老人抱养了一个孩子，后来又被他的亲妈带回去了，这对老人和孩子都是一种伤害。

教育专家程越博士说过，教育应该是越来越轻松的过程，3岁之前用100%正确的力，6岁就用60%，6~9岁用30%，9岁以后10%就足够了，这样孩子在早期养成了正确的生活和学习习惯，后面就很简单。可是很多家长觉得孩子还小，不着急，等他长大了再要求也不迟，结果错过了良好习惯养成期，接下来就是越来越艰难的养育过程。

如果把这个观点展开，如果父母在该尽职的时候卸掉了自己抚养和陪伴孩子的责任，那么这笔"账"孩子一定会记着，等到某一天会连本带利讨回。到那时候，教育就变成了越来越沉重的事情，当初父母的失职给孩子遗留下的问题，等到孩子长大后就很难再修正了。

第三章

把握时机为孩子提供关键教育

3岁时的三大关键需求

1. 爱的培养

每一个人爱的能力从何而来？爱的潜能来自我们的童年经历，我们最初是从父母那里获取爱的源泉。爱，是我们的父母送给我们的最好的礼物。童年对人的一生影响实在深远，台湾著名散文家林海音曾说过："每个人生理上的童年终将消逝，但心灵的童年总会伴随终生。"从文学的角度来看，这段话很美很有诗意，但从心理学的角度来分析，这段话是把双刃剑，如果你的童年幸福，你的童年潜意识一生都会给你传达幸福和快乐的信号，反之，你的童年不幸或者存在太多遗憾，你一生都不幸福。在我看来，3岁就要给孩子爱的滋养，不能让孩子产生爱的缺失。

这里的"3岁"只是大概，泛指1~3岁这个阶段。严格说来是孩子自我意识产生之前，也许也可以理解为用手指"我"、开口说"我"之前。3岁之前的孩子，必须得到父母无条件的爱。这个爱既包括情感上的欣赏和喜悦，更包括行为上的照顾和安抚。此时，孩子无法区分自己与母性环境，会将环境中的一切感受为"我"的一切，如若父母养育不当，便会造成一些原初性的伤害，折磨孩子一生。比如，生理上的需求没有得到及时的满足，本来是父母的无能，因为母子一体，孩子便会感受为自己的无能，从此便可能失去自信、失去成长的主动性、失去独立解决问题的能力。再如，环境之中出现了负面情绪（父母亲脾气暴躁或父母吵架），孩子会感受为我在生气，我在吵架，从此便可能缺爱心而具有强烈的攻击性。攻击别人很容易发现，攻击自己却有些隐蔽，表现为自卑、自怜、懦弱、恐惧等。

换个角度来看，3 岁之前，孩子与母性环境共生，母性环境的情绪、情感振动就是孩子的振动，任何负面的波段都会嵌入孩子的内里，成为孩子的基本波段，或者说人格基调。也许，这就是"3 岁看到老"的理论基础。

对于一个 3 岁的孩子，爱的培养要遵循以下几点：

（1）日常交流中传达出对孩子的爱

3 岁左右的孩子，最让年轻父母头疼，因为他们正是似懂非懂，说什么都不听，有自己的小敏感，然后会做出一些让父母非常难以理解的行为的阶段。比如，一言不合就哭闹，一个小挫折就哭闹，遇个小不开心就发脾气，不爱分享，害怕分离尤其过分依赖妈妈等。这就会使得妈妈们不小心就会说出"你不好好吃饭，妈妈就不喜欢你了""再哭，妈妈不要你了""妈妈喜欢隔壁的宝宝，他特别听话、懂事。妈妈不喜欢你……"

3 岁以下的孩子几乎全部当真，3 岁以上的孩子分不清哪句是玩笑，哪句是真的。这样的话说多了，孩子在潜意识里就会觉得妈妈不喜欢他，不想要他。这种恐慌的感觉深藏在潜意识中，长大后遇到困难、强烈的批评、冷落时会激发出来，会比其他人更不安。

妈妈们一定要注意，孩子做错事情，可以批评他，但一定要让他知道，妈妈只是对他做的事情不高兴，妈妈依然很喜欢他。不要长时间生孩子的气，事情过去了就高高兴兴地带着孩子玩。

（2）用行为让他确定妈妈爱他

母爱不仅仅意味着物质上的供给，更多的是温暖、包容。心理学家曾做过一个试验，把刚出生不久的小猴关在一个笼子里，笼子里有两个"猴妈妈"。一个"猴妈妈"是用金属支架做成的，胸部挂两个奶瓶，小猴可以在这个猴妈妈身上吃到东西。另一个"猴妈妈"是绒布做的，身上没有任何吃的，小猴只能坐在猴妈妈的怀抱里，抱着猴妈妈玩。心理学家的问题是：小猴跟哪个猴妈妈待的时间长？通过几天的观察，发现小猴只在饿的时候去金属猴妈妈身上吃东西，其他时间都待在绒布猴妈妈这里，因为这个"妈妈"给了它温暖的感觉。

妈妈能够陪伴孩子时，尽可能多抽出时间来。工作繁忙的家长一定要注意这个问题，不要以为把孩子交给保姆、送到全托幼儿园就万事大吉了。孩子仍然会觉得家人不够重视他，不够爱他。有些妈妈很委屈："我供他吃，供他喝，要什么给买什么，他怎么就跟我不亲呢？"钱不能解决所有问题，孩子需要被爱的感觉，有人陪伴，有人关心，有人陪着一起玩。

（3）以愉快的心情面对孩子

3岁的孩子大部分没有上亲子园，或是刚刚上幼儿园没有完全适应集体生活。对于一个妈妈来说，陪伴孩子就成了孩子最需要的事情。但很多陪伴是没有质量的，为什么这么说呢，因为在我的咨询课上，很多年轻妈妈有的是甩手掌柜，孩子的事情有老人帮着做，自己并没上心，有的是自己带，让孩子弄得筋疲力尽。妈妈一旦疲累，在表情上就不会出现和颜悦色，孩子偶尔一个小错，就会像一个火星子遇到天然气，发生爆炸。而孩子小小的内心是相当敏感的，父母任何一个不愉快的表情，孩子都能捕捉到。父母若开心，孩子就放松；父母若冷漠不开心，孩子则会小心翼翼。

所以，家长们不要以为让孩子吃饱了，穿暖了就是给予了孩子全部，其实在孩子们的幼儿时期，对孩子的关爱才是最重要的，希望家长们都能够懂得！爱，就像钱，存在孩子内心那个小小的银行里，等到孩子某一天长大成人，爱的银行里就有了用之不尽的财富。

2. 安全感的培养

有家长跟我聊天，谈到自己孩子在某一个特定阶段，会做一些让他们很头疼的事情，比如有的孩子胆小害羞，害怕跟别的小朋友正常交往；有的孩子脾气特别大，在家里动不动大哭大闹，满地打滚；有的小朋友爱嫉妒别人。

还有一些孩子的妈妈们说，孩子从小厌学，沉浸在自己的世界里，不愿跟家长分享他们世界里发生的任何事，跟父母处于对立的状态，整个家庭氛围很不好，妈妈也不知道该怎么去和孩子沟通和相处。

大家对孩子表现出来的"问题"大都束手无策，既希望能为孩子做些什么，让孩子能快乐地生活，又不知道该怎么去做，才能打开彼此的心结。其实，孩子们的种种表现，在我看来，都有安全感方面的缺失。

安全感好比一棵大树的根，根出现问题，会以各种各样的形式反映在大树的树枝或树叶上。树根烂了，大树刚开始可能树叶变黄，可能会掉叶子，或者变蔫。孩子也一样，外在反应不同，但根本原因都一样，即缺乏安全感。

造成孩子安全感缺失的原因很多。但最大的原因不外乎三点：第一，非正常生产导致孩子受惊吓；第二，非母乳喂养，导致没有和妈妈亲密联结；第三，不科学地陪伴和充斥情绪的家庭环境。

一个婴儿从母体中出来，降临在这个复杂的物质世界里。这个世界蕴含着复杂的关系，复杂的心态，复杂的意识形态，而婴儿对此一无所知，他仅仅带着巨大的生命动力来到这个世界。母亲，是他与世界联系的纽带。自然分娩的宝宝，因为是和母亲共同面对生产的力量，经由母亲的外力和自己的内力来到这个世界上。这是宝宝和妈妈的第一次亲密合作。如果人为干预，选择剖宫产（这是一种不得已才使用的生产手段），会造成孩子没有经过产道挤压和感受跟妈妈共同使力的那种体验，直接被手术取出，如果妈妈因恐惧手术和疼痛产生不舒服的感觉，那么这种情绪也会直接传导给肚子里的宝宝。这是造成宝宝来到世界上第一次面对的不安全的因素。

为什么我说非母乳喂养会让宝宝产生第二重不安全感呢？刚刚出生的小宝宝在知道母亲不在眼前也依然存在之前，他首先需要时时看到母亲，触摸到她，嗅到她的气味，听到她的声音，得到她的关注；而初来乍到的孩子最大的本领或本能就是去寻找母亲的乳头，如果母亲因为客观原因或主观原因不能亲自哺喂宝宝，那么，孩子就会从温暖子宫里与妈妈相处的状态下，忽然感到无所适从。从子宫恒温恒湿的环境出来，可能会冰冷刺骨，可能会很干燥，视线模糊，光线让他的眼睛难受，剪断脐带的瞬间，大量空气涌入肺部产生灼烧感，总之，一切都让他感觉：天哪，我的身体也不能移动了，什么也做不了，只能在这儿哇哇地哭。这种恐惧和焦虑，可能与成人想象自己要面临世界末日的恐惧和焦虑是差不多的。这个孩子就会产生求生的本能心理需求，也会产生一些悲观以至于毁灭的心理感受，尤其是妈妈没有及时去抱他，没有及时给他哺乳时，他就会认为，我要毁灭了。搂在怀里的宝宝，吮吸母亲乳汁的过程中，孩子能体验到这世界是安全的、好的，他便会将此关系延伸到家庭之外、母亲之外的环境中去。

在孩子懵懂长大的环境中，如果父母营造的家庭环境是温馨快乐的，那么孩子就会感觉到安全。反则，家里整天鸡飞狗跳，不是婆媳矛盾，就是夫妻矛盾；不是吵架就是哭闹，孩子会感觉自己陷在一个巨大的危险中，这样就会使得孩子内心得不到安全感的滋养。

对于安全感的培养，美国心理学家埃里克森认为，0~1.5岁的婴儿处于信任和不信任的心理冲突期，当他哭、饿或者身体不舒服时，父母是否及时出现是他对这个世界建立安全和信任感的基础。如果宝宝总是不能得到及时、规律且稳定的反馈信息，就会时时担忧自己的需要得不到满足。于是，便常常变换各种哭闹不安的方式吸引大人的注意力。长此以往，形成爱哭闹、喜欢纠缠大人的行为模式。哭闹未必是身体不舒服，而是心里不舒服，因为宝宝没有建立对外部世界的心理安全感。

因此，在3岁之前的幼儿心理发展过程中，最容易产生的问题，并对未来影响深远的即是否建立良好的心理安全感。

关于安全感的培养，选择如何更科学、更符合人性的生产方式和喂养方式这只是第一步，却也是重要的开端。如果这步没有做好，那么后面就更要在培养孩子安全感方面下功夫。

关于培养安全感，需要注意的问题有很多。

最基本的问题如下：

（1）不要总是大声对孩子说话

比如孩子说要做一件事，如果你觉得这件事不可行，你可以好好和孩子说，如果你老是对他没有耐心，这样只会让孩子对你越来越没有好感。

（2）不要吓唬孩子

不要轻易对孩子说"大灰狼来了""警察叔叔要来抓你了""你再这样妈妈走了，妈妈不喜欢你了"之类的话，对宝宝的安全感都是一种伤害。

（3）在孩子对某件事物兴趣浓厚时不要轻易打断他

要尊重他所喜爱的东西，必要时和他一起互动，不能因为你觉得这个东西对他没好处就制止他。在孩子经常活动的空间里事先做好必要的防护，这样可以避免在孩子探索的兴头动不动就说出"不要碰、危险、不要动"之类的否定性语言，否则，孩子就会认为世界到处充满了危险。

（4）要抽专门时间去倾听孩子

美国教育专家帕蒂·惠芙乐特别提到，这个"专门时间"指的是父母放下其他事情，专门和孩子一起放松地互动的时间，但不是漫不经心地放松，而是随时注意孩子的表现，包括孩子的讲话、表情、语调、姿势、动作等，权当自己完全不了解孩子。在这个时间里，让孩子做主，放下大人的架子，任孩子支配，表现出对孩子的欣赏，不去指导孩子的行为，甚至扮演弱势的角色。

（5）如果孩子黏你，就让他去黏吧

他黏你，说明他感觉跟你在一起的时间太少，他需要你更多的关注和爱。只有张开双臂随时欢迎孩子"恋怀"，最大限度地给他情感上的满足，才能让他感觉到，无论遇到什么情况，妈妈都是跟自己站在一起的，从而获得对这个世界的安全感。

3. 认识并引导孩子的思维模式

3岁左右的孩子在智力方面的发展让很多父母都惊诧不已，他们的表达更加流畅，记忆力更加好，所以很多家长觉得不可以浪费孩子的学习能力，于是教孩子认字、学数学、背诗等，希望为孩子上小学打下一个好的基础，可经常事与愿违，孩子总是坐不住，也很难表现出兴趣。

所以，想要培养和训练孩子的思维能力，必须先了解人的思维发展的过程。思维的发展总趋势：由具体思维到抽象思维，即由动作思维发展到形象思维，再依次发展到抽象逻辑思维。3岁左右的孩子，正处于具体思维阶段，这一阶段，孩子的思维是依靠感知和动作来完成的。他们在听、看、玩的过程中，才能进行思维。比如，孩子常常边玩边想，但一旦动作停止，思维活动也就随之停止。

试想桌上放着一个苹果，孩子个头小够不着，怎么办呢？这时候孩子发现他旁边有凳子，于是把凳子搬过来，自己爬上去，成功地把苹果拿到手。孩子学会借助别的东西来达到自己的目的，是从不断的操作过程中理解的。父母要做的是认识并尊重孩子的认知发展水平，并按照这个阶段孩子的能力来安排学习内容。

孩子的具体思维模式决定了他们只会对和他们生活最接近的具体的人、事、物感兴趣，比如，这个阶段的孩子在父母的眼里就是"十万个为什么"。

"为什么会刮风""电灯为什么会亮""为什么冰箱里那么冷""为什么我没有长小鸡鸡""为什么我不能和别的小朋友一样穿裙子"……细心的父母会发现这个阶段的孩子问题特别多,他们很喜欢打破砂锅问到底,但是如何回答孩子的问题呢?父母可要注意了,你们用什么样的态度对待孩子的问题,也直接影响到孩子的思维发展,如果你表现得不耐烦,觉得孩子是无理取闹,不予理睬孩子的探索欲望,那么孩子对这个世界的好奇心和学习兴趣的大门就会被过早地关上。你的冷漠会让他对这个世界的事物失去学习的兴趣,他们不愿意思考,不愿意探索,也不愿意表达……原本嗷嗷待哺需要发展的思维模式,因为父母不会引导,就会让孩子渐渐关上。

孩子3岁左右具体形象思维模式决定了他们在认识发展过程中,孩子的学习重点应该是横向地扩展孩子的知识宽度,而不是纵向地拉深知识的深度。孩子们在这个阶段的兴趣点可以从家用电器到自然现象,从动物、植物到人体结构、天文、地理、文学、艺术……他们的小脑袋里装着无数个为什么,只要我们能跟随孩子的好奇心,用具体形象和体验式的方式帮助他们打开兴趣之窗,这个起点将会成为孩子一生学习的驱动力。但是如果我们忽视了孩子在这个阶段的兴趣萌芽,只是一味地追求孩子会认多少个汉字,会背多少首唐诗,这种纵向知识的拉深不但达不到好的学习效果,而且容易把孩子思维模式导向错误的方向。

了解了孩子的思维模式,父母要做的就是引导和培养孩子的社交能力。

孩子3岁之后会对社交表现出强烈的愿望和兴趣,他们总是积极主动地找小伙伴们做游戏。由于现在独生子女家庭多,父母在孩子是否合群这个问题上也是特别关注,只要有机会父母们都会尽量让孩子参加一些集体活动,也是基于这个原因。很多父母会在孩子3岁的时候为他们选择幼儿园,家长们觉得幼儿园这个大集体可以培养孩子的社交能力。然而事情并非想象中的那般容易,仍然有很多孩子即便上了两三年的幼儿园,仍然性格孤僻,不合群，或者有明显的社交障碍，他们不懂得怎样与其他的小伙伴互动，或者经常性在游戏的过程中出现纠纷、争吵和肢体冲突等不愉快的现象，让他们的父母很焦虑，因为在社会上生存的他们很明白，今天没有一份工作不需要与人合作，不合群意味着孩子在未来成长的道路上会碰到很多障碍，这也将影响孩子是否拥有开朗、乐观的性格。

其实，对于3岁的孩子来说，社交与合作都是需要学习的。从2岁开始，孩子自我意识的发展使他们只关注自己，考虑问题时只愿意从自己的角度出发，他们在乎自我是不是被重视，是不是快乐和被满足，他们很难站在对方的立场去考虑问题，理解和体谅他人的情绪和情感，所以游戏中会伴随着冲突，不愿意分享玩具，不遵守游戏规则等，这些都是正常的现象，但是出现这些状况的时候，需要成人（父母和老师）能够及时地引导孩子，学习尊重他人在游戏中的角色，并让他们了解只有在共同遵守规则的前提下才能完成游戏，并享受和小伙伴们合作的快乐，当然这种引导不是一两次就可以达到很好的效果，需要孩子们积累足够的体验，在愉快与冲突的合作中，去体会个人在团队中的角色，让他们慢慢了解个人的能力是有限的，合作需要相互的尊重与互助，当群体可以因为良好的配合而享受游戏合作成功的快乐时，那种被团队接纳和认可的喜悦可以让孩子们学习慢慢放下自我。

父母要在日常生活中对孩子进行积极引导，使这个年龄段的孩子思维模式得到很好的开启：

为3岁幼儿创造合适的游戏运动环境：从游戏中促进幼儿动作和技能的发展。

培养幼儿的言语表达能力：2~3岁是口头语言发展的最佳年龄，应鼓励孩子大胆说话，引导他用语言表达自己的愿望、要求和感觉。多教孩子说歌谣、唱儿歌，这不仅可以训练幼儿的语言能力，还能训练他的音乐节奏感，培养艺术意识。

让3岁幼儿多看、多听、多动手：智力开发总是离不开对知识的掌握，而要获得知识，必须通过看、听、摸等感知活动。应让幼儿多接触自然和社会环境，多动手以亲身感知事物，促进智力发育。2~3岁的幼儿听故事时会听得津津有味，家长应抓住孩子好奇、求知的这一心理经常给孩子讲些有趣易懂的故事，这样可增长幼儿的知识。

启发3岁幼儿多提问题、多思考：好奇多问是儿童的天性，有些孩子喜欢提问，这是思维活跃的表现，家长要耐心地用通俗易懂的语言回答，而不能敷衍了事；有些孩子提不出什么问题，家长应设法启发他们让他们自己提问，并站在孩子的角度，多提一些问题让孩子思考回答。

鼓励3岁幼儿的创造精神：孩子在做游戏、搭积木时，应鼓励孩子的创造精神，引导孩子不重复别人做过的东西等，而帮助孩子自己想象着做，孩子拆弄玩具时，不要求全责备，因在"顽皮"的举动中，往往可能是创造力的表现。幼儿创造的欲望仅仅开始萌芽，需要家长、教师去发现、去引导，如完全按大人要求的模式做，则会抑制孩子的创造精神。

父母正确引导成功的话，孩子就能顺利进入下一个年龄段，过渡得会比较轻松。

3~7岁过渡时期三大关键需求

1.观念的培养

如果说3岁前的孩子需要培养是为了奠定最初的思维模式，那么，3岁往后直到7岁之前对于孩子的培养就是要奠定一生的基础。这样才能符合人们常说的话："三岁看大，七岁看老。"3~7 岁这一过渡期，孩子已经从幼儿阶段到儿童阶段。心智和思维都得到了很大的提高，所以在培养孩子的方面父母更要用心。我认为一个人学得好学不好，来自自身的观念问题。所以，对于这个阶段的孩子来说，先入为主的是要培养一个正确的观念。比如，时间观、金钱观、劳动观等，只有把正确的观念植入孩子的头脑和日常行为中，孩子将来才能形成自己的正向观念。无论从短期还是长期来看，这都是一件必须重视且需要父母积极应对的事情。

（1）培养孩子的时间观念

时间观念包含科学地安排时间，讲究效率，还需要有自控能力。因此，一般家长认为时间观念是对成人的要求，而忽视了对孩子的培养。若是父母能在早期让孩子养成良好的时间观念，就等于给孩子以知识、力量、聪明和美好的开端。因为善于掌握自己时间的人将会获得高效率工作，也是最能出成绩的人，在科学技术、经济高速发展的时期尤其需要。

缺乏时间观念的孩子做事爱磨蹭，通常是因为他们不像成人一样具有时间紧迫感，对时间概念比较模糊。一般而言，孩子并不知道如果他把一件事尽快做完之后会有什么更好的结果，他也不认为自己慢有什么不好的。

比如吃饭，成人都会知道，不快点吃饭就凉了，吃完饭还有其他事情要做，而孩子不会明白这些，当然他也不知道吃饭拖延有什么不好。

大人们知道，自己上班和孩子上幼儿园都不能迟到，而孩子则不然，爸爸妈妈上班和自己去幼儿园晚了，对他来讲都是无所谓的，他想的只是眼前的事情，这些都是由孩子的生理和心理特征所决定的。现在生活节奏日益加快，但对孩子来说，他们还没有接触社会的经历，自然感受不到紧张气息。但是，孩子要长大，一个做事拖拉的人是无法在竞争激烈的社会立足的。对此，从小训练孩子主动把握现实的能力和智慧是根本。

我们来看下面的案例，父母是如何帮孩子确立时间观念的。

一个家长的女儿就是俗话说的那种"老虎紧追到脚跟，还要回头辨雌雄"的人，是个典型的没有时间观念的孩子。由于磨蹭，上学经常迟到，被老师批评是家常便饭。对此，家长非常苦恼，下决心帮她改正。首先，父母帮她认识磨蹭给她自己和父母都带来不好的后果，让她接受意见并表示愿意改正。其次，与孩子一起制订一个互相监督的计划，让她监督妈妈有没有磨蹭现象，由爸爸做裁判，记录结果并及时报告。最后，与父母一起制作生活日程表，记录每天早晨穿衣、盥洗、吃饭等所用的时间。一段时间后女孩开始为自己的进步而高兴，主动加快了自己的做事速度，时间观念也加强了。现在她会根据时间来调节做事速度，有了初步合理把握时间的能力，迟到的现象几乎没再发生。

在一个三代同堂的家庭，小女孩从小享受"全程服务"，饭来张口，衣来伸手，养成了对成人的过分依赖。一旦要她自己做事时，她就四肢没力，手脚不灵了，凡事磨蹭，等着家长"伸出援助的双手"。家长也曾尝试从培养自理能力入手让她改变磨蹭的习惯，但都不了了之。冬天穿衣，怕她受凉，奶奶赶紧去帮忙；吃饭太慢，爷爷怕饿着她，又破例喂她。这样"自己的事情自己做"变成了一句空话。上学后，问题马上暴露了出来：在学校，她做什么事情都比同学慢，吃饭慢、做作业慢，连考试、测验都无法按时完成。这才使家长痛下决心，该孩子自己做的事绝不代劳，让孩子在做的过程中，锻炼才干。同时，家长也下决心"管"，规定时间内没吃完饭，就坚决收拾好餐桌，使得孩子下次进餐时必须抓紧时间。孩子做事遇到的困难，也不急着帮忙，只做必要的指导。父母还做通了爷爷、奶奶的思想工作，管放结合，让孩子经受必要的锻炼，早日摆脱磨磨蹭蹭的阴影。

（2）培养孩子的金钱观念

金钱观是对金钱的根本看法和态度，是和人生观紧密相连的。我们都知道有了钱就可以有许多东西，就能建立一个在物质上比较富裕的家庭，也就能过较为舒适的物质生活。但是，我们的生活绝不是只要拥有高档的物品就美满了，因为幸福的生活除了物质享受之外，精神上的愉快也是必不可少的，甚至更为重要。正确的金钱观即让我们对钱有一种正确的认识，要"取之有道，用之有度"。

如果孩子没有正确的金钱观，不懂得金钱是通过辛勤的劳动付出得来的，想花钱就跟父母或长辈要，他们会觉得父母给自己钱花是天经地义的事情，他们会只知道金钱是个好东西，可以换来自己想要的商品，绝对体验不到生活的艰辛。慢慢地孩子就会形成挥霍、浪费、没有节制的消费习惯，而且还会变得自私自利，不会珍惜，没有感恩之心，不懂得孝顺父母。而有一天，当父母不愿意给孩子零花钱时，孩子很可能会产生怨恨，还可能酿造相当可怕的苦果……因此，若想让孩子学会珍惜生活，珍惜父母的劳动成果，爸爸妈妈需要尽早给孩子树立正确的金钱观，让孩子懂得花钱要有节制，要合理；让孩子学会做金钱的主人，理性地掌控金钱，这样，可以很好地避免孩子染上不良嗜好，这对培养孩子的品性也是大有好处的。树立孩子正确的金钱观，从根本上说，就是为了孩子健康、积极地成长，不让他们变成"守财奴"或者"挥霍者"。对金钱过分计较或滥用，都将对孩子的人生产生负面影响。因此，及早教育他们树立正确的金钱观，是父母的一项重要任务。

可以从以下几点着手，进行孩子对金钱观的培养：

①对一件商品，父母尽量不说"太贵了"。这是一种穷思维，因为商品的价值不一定取决于价格。要经常使用这样的语句：我们不应该这样花钱，是因为……或者说：这件商品不值得买，因为……不要单纯地强调不买的原因就是"这个太贵了"，这句话会让孩子觉得只要负担得起，就可以买。

②父母去银行办理业务的时候，最好带着孩子去，让孩子体验存款的形式和意义，并懂得未雨绸缪的重要性。如果家里贷款买了房或者车，可以利用这个机会向孩子解释借贷与利息间的关系，以及收入和还款间的平衡。让孩子明白，贷款可以帮助人们在资金不足的时候，提前购买商品，但前提却是，要能够承受得起长期的还款和利息压力。让孩子明白生活中金钱的意义和赚钱的必要。

③告诉孩子节俭的意义。比如，家里的废物二次利用，废品回收，不买闲置物品，可以购买二手物品，循环使用水资源、充分利用纸张、生活用品，这些行为都是家长培养孩子良好生活习惯和金钱观的机会。告诉他们做这些事，不仅为了省钱，也是为了保护环境。

④告诉孩子，真正学会掌控金钱才能更轻松地过一生。挣钱需要技能，花钱需要智慧。财富可以装点人的外表，但知识和品质才能衡量一个人的内心。珍惜辛勤劳动换来的财富成果，同时也避免让各种诱人的财富象征成为追逐的终极目标，孩子将因此获益终生。

（3）培养孩子的劳动观

随着社会发展，父母要求孩子爱学习占了99%，要求孩子爱劳动占了1%，甚至有的连1%都不到。用一个家长的话说："我家孩子学习负担那么重，怎么舍得让孩子再劳动，他只要考个好学校，将来有个好工作就万事大吉。"

我就在想，孩子考了好学校，有了好工作要不要劳动？如果从小没有正确的劳动观念，那么这个孩子走上工作岗位也是那种懒散、不爱劳动的人，绝对不会是一个勤勤恳恳爱劳动、眼里有活儿的人。

现如今，孩子大多数是家里的独苗，"4+2+1"模式下，常能见到四位老人与父母一起围着一个孩子团团转，当真是捧在手里怕掉了，含在嘴里怕化了。当所有长辈的呵护都倾注在一个孩子身上时，溺爱也由此产生，家长们担心孩子会感到劳累或受到伤害，因此主动承担了一切可能的家务劳动。一个个小公主、小王子在无忧无虑的环境中轻松长大，脑海中几乎没有参与家务劳动的概念，长大后很难以养成良好的劳动习惯。

从学校回到家中，孩子不但不会帮着父母将屋子打扫干净，有的孩子竟然连自己的书桌和书包都懒得整理。玩疯了的孩子跑回家，不但不会洗自己的臭袜子，更多的是躺在沙发上扯着脖子跟父母喊，快要饿死了。

这些现象都是没有正确的劳动观念形成的。有的是孩子从小没有培养，有的是父母劳动观念有误区，孩子劳动习惯难养成。比如，当今对孩子的培养观念中，"学习至上"占了主流，似乎孩子的唯一义务就是好好学习。只要成绩好、分数高，就是父母眼中的好孩子，就可以不用考虑其他一切事情。放学或是参与补习班后回到家，家长往往心疼孩子学习辛苦，将本该由孩子完成的家务活一并代劳，孩子也就乐得清闲；

对孩子劳动观念的培养父母要做到：第一，父母不能太懒，如果父母回家就歪在沙发里看电视，屋子不打扫，房间不收拾，孩子从小看在眼里的是脏乱差的环境，孩子的潜意识里就会形成家可以是不整洁，不干净，不用收拾的。第二，父母不能太勤快。这个勤快我指不能事事替孩子代劳，比如在孩子 3~7 岁个人体能已经发育得很不错的情况下，要让孩子自己的事情自己做，比如刷牙、洗脸、洗袜子、洗手帕，叠自己的小被子、衣服，整理自己的玩具柜和书包。第三，父母要时常灌输一个爱劳动、勤快的人将来走上社会的好处。比如，一个勤快、眼里有活儿的人更能赢得别人的好感；一个走上工作岗位、勤快爱劳动的人，更能得到晋升的机会；等等。

2. 能力的培养

不论大人还是孩子，一个有能力的人通常是一个自信的人，走到人群里，因为有能力处理与自己息息相关的事情，不但能做到很快融入集体，还能增强自己的自信。对于 3~6 岁的学龄前儿童，需要培养的能力很多。但在我看来，最主要的能力有独立自理能力、交往能力和自控能力。

（1）培养孩子的独立能力

3岁是孩子成长的分水岭，3岁以后至6岁入学之前，对于孩子独立意识的培养尤为重要。因为这个年龄的孩子，下一步就面临着正式走进校门，开始从一个无忧无虑的孩子多了一个身份——小学生。如果时时处处还在依赖父母，自己不独立，就不能很好地适应学校环境和社会环境。

叶圣陶先生说过："教是为了不教"，这才是教育的真谛。儿童的成长过程，就是从一个无助的生物体成长为一个独立的社会人的过程。孩子需要独立，包括独立的意识和独立的能力。那么，作为家长，我们在教育孩子时应该怎么把握这个度，应该怎样有效培养孩子的独立能力呢？

首先，家长要放手。一个家庭里，孩子不独立，很大程度上是父母不放手，或者太过包办。父母大事小事都替孩子办了，孩子想独立都没有机会。比如，书包父母替背了，衣服父母替穿了。所以，要想让孩子独立，父母要放手，让孩子自己去做。让孩子真正独立起来，做符合他们自身年龄的事情，才是对孩子更大的爱和负责。就像《会做饭的孩子走到哪里都不怕》说的，一个孩子只有具备了独立的自理能力，才能毫无畏惧地在社会上生存。父母毕竟不能养孩子一辈子，所以不能过分娇惯，要给予孩子自我锻炼和自我成长的能力。

其次，家长要教会孩子做事的方法。研究发现，许多孩子之所以依赖性强，凡事不自己动手做，与不掌握方法、不会做有很大关系，而不是不愿做。所以，在培养孩子自己动手能力时要注意教给孩子具体的方法，而不要只提出要求，有耐心最重要。独立能力不是一天两天就形成的，培养自主独立的好习惯也需要较长时间。在这个过程中，耐心很重要。家长千万不能急躁，说"不是这样""那样不行"之类的话，这会使孩子失去信心；也不要一看到孩子不行，就急于代劳，那样会前功尽弃。

最后，家长要成为孩子的学习榜样。家长也要给孩子一个独立自主创造良好的环境，你的一举一动还有你的品质，都是孩子模仿和学习的榜样，你做得好了孩子会参照你，这样孩子的独立能力也得到了培养，在无形中自己得到锻炼，在很大的程度上增加了孩子的自信心。

比如有大部分家长，自己还没有长大。回到家里连饭都不做，全指着老人做，屋子不收拾全等着老人来做，甚至有更多的父母还在孜孜不倦地啃老，让老人给出房子首付，家里开销不够还朝父母伸手。这些家长自己都没有独立，怎么能让孩子学会独立？

（2）培养孩子的交往能力

交往是让孩子适应社会、进入社会的一个重要途径。孩子只有在与同伴、成人的友好交往过程中，才能尽早学会在平等的基础上协调各种关系，正确地认识和评价自己，形成积极向上的情感。

善于与他人交往的孩子不仅能够从容地与同龄人交往，而且能够从容地与老师等成人交往。而孩子是否善于同别人打交道，在人群中人缘如何，对他以后的学习和人生的发展有很大的影响。因此，父母要从小重视培养孩子与人交往的能力。

一位成功学专家说：所有成功的人之所以成功，是因为他的人际关系非常好。从小培养孩子的人际交往能力，这是值得家长重视的一个带有普遍性的问题。一个活泼开朗、乐于与人交往的孩子大都容易受到同伴的欢迎和成人的喜爱，而且容易适应新环境。

孩子们在成长的过程中总要与人交往，有的时候，我们会发现有些孩子在小群体中能很快地适应，与伙伴们相处得很好，而有些孩子不仅不能适应，反而会郁郁不乐。这应当引起家长的注意，要适时加以引导，让孩子快乐、自如地处理人际关系。

现如今，独生子女的比例越来越大，他们没有兄弟姐妹可以交流，大多数时间是在单元房里孤独地面对电视机、电脑、游戏机，与同伴交流合作的机会非常少，孩子们缺少了室外活动和社会交往的机会，天真活泼的童心受到了抑制，形成了"自我""自私""孤僻"的性格特征，这极大地影响了孩子今后的发展。

所以，在对待孩子的人际交往问题家长要给予充分的重视，7岁之前的孩子，人际交往能力大部分来自家庭，要想让孩子有一个和谐健康的人际交往关系，家长就必须为孩子创造一个和谐健康的家庭环境。我们都知道，在少儿时期，孩子们的人际关系往往是垂直式的交往关系，受到成年人的影响最大。而父母作为孩子的第一任老师，在很多方面对孩子们有潜移默化的影响，孩子们的模仿能力很强，常常把父母的一些语言、行为、习惯带入自己的生活中，所以，父母营造一个健康和谐的环境对孩子的人际关系的培养十分重要。

比如，如何跟小伙伴相处，如何共享，如何邀请别的小朋友来家做客以及去别人家做客，这些都是锻炼孩子人际交往能力的最好契机。

锻炼交往能力的时候要注意以下几点。

①创设良好的家庭交往环境。在家庭中应创造一种民主平等、亲切和谐的交往氛围，以父母为中心和以孩子为中心的家庭都是不可取的，父母应当成为孩子的朋友，要让孩子敢说、爱说、有机会说话。家庭中的大小事，孩子能理解的，应该让孩子知道。适当地让孩子参与成人的某些议论，有利于树立孩子的自信心，使孩子敢于与成人交往。家庭中有关孩子的一些问题，更应该听听孩子的意见，看看孩子的想法，不要一味地只是家长说了算。

②提供更多的交往机会。家长应适当地带孩子进入自己的社交圈，让孩子到外面去串门，找小伙伴玩耍，也应该允许自己的孩子邀请小伙伴到家里来做客。家长可以指导孩子怎样和同伴一起玩。例如，家里买了新的玩具，

家长可提醒孩子请邻居家的孩子一起玩。别的小朋友上门来玩耍，家长要讲表示欢迎的话，消除他的恐惧心理，还要叫自己的孩子拿出好吃的东西招待他，拿出好玩的东西给他玩。还要，让孩子有充分的时间和小朋友们一起交往，得到更多的交往机会，体验到和同伴交往的乐趣。

③教给孩子交往的方法。为了帮助孩子成为受同伴欢迎的人，在交往中得到快乐，家长应有意识地教给孩子一些交往的方法。比如，让孩子学会容忍与合作。在交往中，遇到与自己意愿相悖的事，家长应教育孩子学会忍让，与同伴友好合作，暂时克制自己的愿望，服从多数人的意见。例如，几个孩子在一起商量做什么游戏，大家都说玩动物园，而自己却想玩娃娃家，此时，就要克制自己的愿望，和同伴们一起高高兴兴地玩动物园的游戏。这样才能使交往顺利进行。

学习遵守集体规则。孩子们在交往时，会自己制定一些规则来约束每个人的行为，谁破坏了这些规则，谁就会受到集体的排斥。只有自觉遵守集体规则的人，才能得到大家的喜爱，也才会有更多的朋友和他一起玩。

培养孩子乐于助人的品质。孩子们在交往中常常会碰到一些困难，家长不仅要鼓励孩子自己想办法解决问题，同时还应支持孩子帮助其他的朋友克服困难，如朋友摔倒了急忙扶起来、同伴的玩具不见了帮着去寻找，等等。要让孩子知道乐于助人的人会有很多的朋友。

（3）培养孩子的自控能力

自我控制作为儿童社会性发展的一个重要方面，其发展对于儿童良好社会性、人格品质的形成、积极同伴关系的建立和社会适应能力的提高都具有积极的意义和价值。因此，我们必须有意识地从各个方面要求和发展自己，提高自身的自我控制能力和水平。

3~6岁的孩子，应该有意识锻炼和培养他们的自控力。比如，见到心仪的玩具，能不能在父母不给买的情况，做到内心坦然不哭不闹；在外面玩耍，看到别人的好东西，能控制不要；在跟别的小朋友起冲突了，能用沟通解决，而不是动手。

情绪自控、行为自控和坚持性是自我控制的三大组成部分。国内外的一些研究发现，相对而言，在这三方面的发展中，儿童行为自控的发展较快，而情绪自控和坚持性的发展较慢，尤其是其坚持性相对较差。儿童自我控制的这一发展特点是与儿童的认知发展以及教育方式密切相关的，由于儿童的思维是由具体形象性思维发展到抽象逻辑性思维，因此他们对行为的感知往往先于对情绪的感知，再加上成人对儿童的行为更为关注，这方面的要求也更多一些，因此儿童的行为自控发展最快。针对这一发展特点，为了更好地提高自我控制的水平，我们应该有意识地在促进自己行为自控进一步发展的基础上，有针对性地加强对自己情绪自控的要求，培养和提高自己的坚持性，如平时注意不随意乱发脾气，在生气、发怒时尽量控制自己，坚持做完一件事再做另一件事等，以更好地促进自我控制各方面的平衡发展。

在培养孩子自控力方面要做到以下三点。

①如果父母都没有能力控制自己的情绪，怎么能要求或培养孩子的自控力呢？比如，孩子犯下小错误，父母不会好好沟通，就会动手。等于是向全世界宣布，我是个没有能力跟孩子沟通的家长，我只会打人，不会沟通。这样会让孩子长大也会去打人，因为这是他了解的唯一的处理问题的方式。

②对于孩子自控力的培养，就是让他做决定。当你认为孩子有能力负责任地做选择的时候，他就会做出负责任的选择，他会兴高采烈地去执行他自己的决定。给孩子简单的选择让他去做，你给他的选择都是你能接受的，当他做好了表扬他，做得不好，他也能自己承担结果。

③要让孩子控制情绪，是要让孩子先拥有自己的情绪。比如他说学校不好玩，我再也不要去学校了。你不能说学校怎么不好玩，学校很好玩啊，有那么多同学、玩具……这说明我们不在乎孩子的感觉，我们觉得你应该感觉

我们的感觉，这是在把你对学校的感觉强加在孩子身上。正确的做法是先接纳他的情绪。孩子是个独立的个体，父母可以觉得学校很好玩，孩子也可以觉得学校很不好。他为什么一定要跟你有一样的感觉，觉得学校好玩？所以你接纳他，他就有机会跟你讲心声，你问他为什么觉得学校不好啊，哪里不好啊。他就会跟你讲，你才有机会跟他沟通。

一个人的自控力是一种相当强大的能力，培养孩子这种能力不是一朝一夕能完成的，需要父母不断试错然后总结，然后跟着孩子一起学习和提高。

3. 思考力的培养

思考力对孩子的一生都很重要。如果一个人能够独立思考，就能想得明白，活得明白，能够活出自我。我们国内教育也要求学生动脑，但侧重培养的是解题方法、考试能力。但我们认为，一个人如果想要有尊严地生活，需要的是独立思考的能力。这意味着不迷信、不盲从，懂得什么是他们的权利和义务，能够在强大面前不卑不亢，在弱小面前保持谦卑。

帮助孩子培养和提高思考力是父母的责任和使命，也是一个漫长的过程，一要尽早，二要尽力。要尽早，是指尽早开始有意识地培养孩子的思考力，因为思考力的养成像任何习惯一样，需要时间来不断实践和提高。要尽力，是指父母要尽自己所能为孩子营造一个环境。培养思考力需要一定的环境。家庭是小环境，父母可以做主。学校、社会是大环境，父母对其影响力就有限了。在一个提倡独立思考的环境里，孩子有更多的机会了解什么叫作独立思考，也有更多机会学习如何培养思考力。

理查德·费曼是诺贝尔物理学奖得主。他对任何事物都拥有强烈的好奇心，除了研究物理学，他还有很多传奇的经历，如破解保险柜密码、演奏手鼓、破译玛雅象形文字、绘画甚至调查航天飞机失事。

费曼的天分很大程度上源于父亲的教育。费曼的父亲会维修收音机，会带小费曼观察自然，并擅长用简单的语言传达深刻的道理。让我们一起来看看，费曼如何回忆自己父亲带给自己的启发。

第一个故事：如何观察自然。

那时我们常去卡茨基山，那是纽约市的人们伏天避暑消夏的去处。孩子的父亲们工作日都在纽约干活，周末才回家。我父亲常在周末带我去卡茨基山，在漫步于丛林的时候给我讲好多关于树林里动植物的新鲜事儿。其他孩子的母亲瞧见了，觉得这着实不错，便纷纷敦促丈夫们也学着做。可是这些丈夫们不理她们。她们便来央求我父亲带他们的小孩去玩。我父亲没有答应，因为他和我有一种特殊的关系，不想让别人夹杂进来。

于是，其他小孩的父亲也就只好带着他们的小孩去山里玩了。周末过去了，父亲们都回城里做事去了。孩子们又聚在一起时，一个小朋友问我："你瞧见那只鸟儿了吗？你知道它是什么鸟吗？"我说："我不知道它叫什么。"他说："那是只黑颈鸫呀！你爸怎么什么都没教你呢？！"

其实，情况正相反。我爸是这样教我的——"看见那鸟儿了吗？"他说，"那是只斯氏鸣禽。"（我那时就猜出其实他并不知道这鸟的学名）他接着说："在意大利，人们把它叫作'查图拉波替达'，葡萄牙人叫它'彭达皮达'，中国人叫它'春兰鹅'，日本人叫它'卡塔诺·特克达'。

你可以知道所有的语言是怎么叫这种鸟的，可是终了还是一点也不懂得它。你仅仅是知道了世界不同地区的人怎么称呼这只鸟罢了。我们还是来仔细瞧瞧它在做什么吧——那才是真正重要的。"我于是很早就学会了"知道一个东西的名字"和"真正懂得一个东西"的区别。

他又接着说："瞧，那鸟儿总是在啄它的羽毛，看见了吗？它一边走一边在啄自己的羽毛。""是。"我说。他问："它为什么要这样做呢？"我说："大概是它飞翔的时候弄乱了羽毛，所以要啄着把羽毛再梳理整齐吧。""唔，"他说，"如果是那样，那么在刚飞完时，它们应该很勤快地啄，而过了一会儿后，就该缓下来了——你明白我的意思吗？""明白。"他说："那让我们来观察一下，它们是不是在刚飞完时啄的次数多得多。"

不难发现，鸟儿们在刚飞完和过了一会儿之后啄的次数差不多。我说："得了，我想不出来。你说道理在哪儿？""因为有虱子在作怪"，他说，"虱子在吃羽毛上的蛋白质。虱子的腿上又分泌蜡，蜡又有螨来吃，螨吃了不消化，就拉出来黏黏的像糖一样的东西，细菌于是又在这上头生长。"最后他说："你看，只要哪儿有食物，哪儿就会有某种生物以之为生。"现在，我知道鸟腿上未必有虱子，虱子腿上也未必有螨。他的故事在细节上未必对，但是在原则上是正确的。

我没有接触过其他人的父亲，所以在当时我并不懂得我父亲有多么了不起。他究竟是怎么学会了科学最根本的法则：对科学的热爱，科学深层的意义，以及为什么值得去探究？我从未问过他，因为我当时以为所有的父亲都理所应当地知道这些。

第二个故事：简单却又深刻的道理。

我父亲培养了我留意观察的习惯。一天，我在玩马车玩具。在马车的车斗里有一个小球。当我拉动马车的时候，我注意到了小球的运动方式。我找到父亲，说："嘿，爸，我观察到了一个现象。当我拉动马车的时候，小球往后滚；当马车在走，而我把它停住的时候，小球往前滚。这是为什么呢？"

"这，谁都不知道，"他说，"一个普遍的公理是运动的物体总是趋于保持运动，静止的东西总是趋于保持静止，除非你去推它。这种趋势就是惯性。但是，还没有人知道为什么是这样。"你瞧，这是很深入的理解，他并不只是给我一个名词。

他接着说："如果从边上看，小车的后板擦着小球，摩擦开始的时候，小球相对于地面来说其实还是往前挪了一点，而不是向后走。"

我跑回去把球又放在车上，从边上观察。果然，父亲没错——车往前拉的时候，球相对于地面确实是向前挪了一点。

我父亲就是这样教育我的。他用许多这样的实例来讨论，没有任何压力，只是兴趣盎然地讨论。他在一生中一直激励我，使我对所有的科学领域着迷，我只是碰巧在物理学中建树多一些罢了。

从某种意义上说，我是上瘾了——就像一个人在孩童时尝到什么甜头，就一直念念不忘。我就像个小孩，一直在找前面讲的那种奇妙的感受。尽管不是每次都能找到，却也时不时地能做到。

费曼的故事告诉我们，在孩子的天性中，有一种求知的欲望、他们心中原本有着无数个"为什么"，想了解这个奇妙世界的本来面目，是成人习以为常的姿态和不以为然的态度，逐渐扼杀了孩子的这种求知冲动。因此，父母如果能够有意识地引导孩子，保护好孩子的好奇心，鼓励孩子积极思考，对孩子的提问努力表现出自己的兴趣，与孩子一起去思考，去寻求未知的答案，孩子提出问题的欲望就会不断增强，思考力也就无形中被锻炼了。

我们观察事物，提出问题，思考问题，回答问题，一般要求达到：有根据、有条理、符合逻辑。

孔子说："学而不思则罔，思而不学则殆。"罔即迷惘，殆即疑惑。孟子说："尽信书不如无书。"孟子所言之书，是专指《尚书》，今天可以理解为对书本知识不可以全信，而应该批判地吸收。清代学者王夫之说："致知之途有二，曰学，曰思。"这都是在强调养成认真思考习惯的重要性。

6~12 岁时机的三大关键需求

1. 好习惯的培养

常言说得好："给孩子金山银山，不如给孩子一个好习惯。"在孩子的年少时期，教育孩子养成一些好习惯，对他的成长甚至一生都会产生重要作用。从小养成一个好习惯，对以后的工作和生活都很有帮助。

首先要培养孩子有良好的生活习惯。

拿破仑说："习惯能成就一个人，也能够摧毁一个人。"可见，习惯的力量是巨大的，在所有习惯中，我认为生活习惯是首当其冲为孩子奠基的。人一旦养成一个习惯，就会不自觉地在这个习惯的轨道上运行。如果养成的是好习惯，将会受益终生；反之，则会在不知不觉中害人一辈子。坏习惯往往是一种顽疾，一旦形成，改起来就难了。所以，做家长的，与其让孩子形成坏习惯后再费尽心思地帮他去改，不如提前了解坏习惯的家庭成因，早做预防，让坏习惯在尚未形成之前就胎死腹中。比如孩子长大后的做事拖拉，东西乱丢乱放，吃饭坐姿不雅，与人交谈中的小动作，这都能追溯其从小生活习惯的培养。

比如，有一个孩子从小养成了"讲秩序"的好习惯，回家把自己的用品放在指定的位置，把第二天要用的东西提前准备好放在随手就能拿到的地方。这个孩子长大后当了编辑，他说："生活有秩序为我帮了大忙，我桌上稿子很多，我都严格分类，采用的、不用的、需我本人修改的，从不混淆。每当我改稿时，思维很紧张，遇到流汗、流鼻涕时，很自然地就用左手从左下衣兜里掏出手绢。由于这是定型性行为，我拿手绢根本不用动脑子，所以没打断我的思路，不用我停下来，节约了大量时间。"他说，"这都要感谢小时候家长和老师帮我养成的好习惯。"

习惯是一种顽强的巨大力量，它可以主宰人生。

某外资企业招工，报酬丰厚，要求严格。几个高学历的年轻人过五关斩六将，几乎就要如愿以偿了。最后一关是总经理面试。总经理说："我有点急事，你们等我几分钟。"总经理走后，踌躇满志的年轻人围住了老板的大办公桌，你翻看文件，我看来信，没一人闲着，甚至还有人说话带脏字、随地吐痰。几分钟后，总经理回来了，宣布说："面试已经结束，很遗憾，你们都没有被录取。"年轻人大惊大惑："面试还没开始呢！"总经理说："我不在期间你们的表现，就是面试。本公司不能录取习惯不好的人。"年轻人全傻了。因为从小到大，没有人告诉他们这一常识，更谈不上习惯养成。相反有个事例，一个孩子去报考外企，主考官认为他知识上有些欠缺，告诉他另谋出路。这个孩子临走时，一按椅子，被椅子上露出的钉子尖扎破了手。他并没有说什么不好听的话，而是顺手用主考官桌上的镇尺把钉子敲回去，然后礼貌地走了。走了没多远，主考官派人把他找回来说你被录取了。录取的原因是他有好习惯，有"眼力见儿"。

其次，要培养孩子好的行为习惯。

孩子不良习惯的家庭成因，除了不可掌控的先天因素（遗传）之外，主要的成因还是由于孩子的学习和模仿。调查发现，孩子之所以容易养成坏习惯，绝大部分是受到了父母和家人的影响，比如，大人睡得晚，孩子就不会早睡觉；大人吃饭时间不固定，孩子也会饥一顿饱一顿；大人用完东西随手放置，孩子也会没有次序观念……

所以，大人要想培养孩子的习惯问题，要有意识地培养孩子的学习方式。

一次，柏拉图看到有个孩子总在玩一个很愚蠢的游戏，于是便毫不留情地训斥了他。小男孩不服气地说："您就为这一点小事而谴责我？！"

"你经常这样做就不再是小事了，"柏拉图回答说，"你会养成一个终生受害的坏习惯。"

我看过许多关于德国人培养孩子好习惯方面的报道，很值得我们学习。

比如承担后果：有一个德国母亲对自己总是晚起的儿子说："很遗憾，我不能开车送你去学校。这得怪你自己，你可以选择是放弃早餐，还是迟到。"

比如承担责任：有严厉的德国家庭，如果孩子忘了把脏衣服放进洗衣袋，他还得继续穿脏衣服。除非孩子能自己想到把脏衣服放进洗衣袋。

比如诚信：德国家长先会以身作则，并经常会告诉孩子，要遵守约定，不能轻易食言，答应过的事情，要在规定的时间内做到。所以，这跟我们中国杀猪教子的诚信故事一样。不跟孩子轻许诺，但许了诺一定要做到。在我们看来很多德国人非常死板，甚至是不懂变通，但这是因为文化和从小养成的一种"契约精神"造成的，他们轻易不做出承诺，但承诺过的事情一定会做到。有了保证，才有了德国品牌质量的承诺。

比如自信：德国家长非常重视自己孩子的自信培养，哪怕是一点点的进步，家长都会给予更多的鼓励和赞赏，因为他们知道孩子从小的自信来源是父母。他们也绝不以成绩的好坏去否认自己孩子在其他方面的优秀表现。

比如合作：在德国无论是家里还是学校，都会有意识地去为孩子们组织一些集体活动。因为在德国有这么一句话叫作"一个人的努力是加法，一个团队的努力是乘法"。

正是因为德国人从小对于孩子习惯培养的重视，我们看看他们长大后的好习惯：

看书：德国人经常手里拿着一本书，在地铁上，玩手机的人少，看书的人多。在德国，如果你留心能看到各种大小的书店，而书店里永远都有不少的读者。纸质的书籍似乎在德国仍然流行。德国人有 91% 在过去一年中至少读过一本书，23% 年阅读量在 9~18 本；25% 年阅读量超过 18 本。

准时：大多数德国人都能遵守约定好的时间，这里说的准时并不单单指德国人，还指德国的公共交通，在没有意外的情况下，每辆地铁、公交车都能按照时刻表的时间准时到达车站。

遵守交通规则：德国人十分遵守交通规则 (不是全部，当然也有闯红灯的行人)，尤其是司机，因为这关乎自己和他人的生命安全。在德国开车基本都会打开日间行车灯，而他们在变道时不仅要看后视镜，还要扭头去看盲点区是否有车 (考驾照时必学的)。

注重生活质量：德国人绝对不是一个爱慕虚荣的民族，他们宁可把钱花在提高生活品质上。比如，他们会花 200 欧元买一个保温壶，而不是一个 (Gucci) 钱包，他们会花 500 欧元买一个厨房用具，而不是一个（LV）包，他们会花上千欧元维护自己的花园，而不是一件（Burberry）大衣。因为他们知道真正的奢侈品是自己的生活品质，而不是一个包或一件大衣。

严谨：他们的严谨源自对细节的考虑，比如在德国超市里买到的每一个鸡蛋，上面都会有一个标号，而消费者可以通过这个标号，了解到下这个鸡蛋的母鸡的生长环境。

最后，培养孩子的向上尚善习惯。

　　培养孩子良好的习惯是一件说易就易、说难就难的事。说容易，是因为习惯的培养可以进行随机教育；说艰难，是因为养成一个好习惯，并非一朝一夕的事。一个孩子由需要提醒才能完成的动作，发展到不需任何意志努力的习惯动作，本身就是个反反复复的过程。何况，好习惯的养成后还要更进一步让孩子养成积极的思考方式，那就是积极向上，内心尚善。

　　是否具有善良的心灵，是否具有同情和悲悯的情怀，是区别"人"与"非人"的标准。人有着其他一切动物无可比拟的勇敢、无私、伟大、仁慈、高贵和美丽，也有着其他一切动物难以企及的怯弱、贪婪、阴险、残忍、邪恶和丑陋。人的生命既有向善的潜质，也有趋恶的因子。6~12岁的学生在个体成长的过程中，若不能及时培养确立善的信念、善的潜质，那么，他的一生很难摆脱仇恨、敌意、偏执等破坏性因子，甚至会倒退到动物的水平。这样，在他们的眼里，世界将是邪恶的，充满了威胁、冷漠和破坏。他们自身也将变得残忍，在漫长的人生道路上，或为了权力，或为了金钱，或为了美色，甚至仅仅是嫉恨，就不择手段地残害同类。那些屡屡见诸报道的校园欺凌案件，无一不在折射出孩子内心缺乏对美善的培养和对别人人身和人格的尊重。

　　人的生命是天地间最高贵的存在，人生是一个充满着未知变数的过程，每个人都不可能完全避开天灾、人祸、不幸、挫折、失败、痛苦、悲伤、寂寞和空虚，人生的意义就在于将这些外在的苦难转化为内在的精神财富。人若在苦难中得不到安慰，不是因为恶的在场，而是因为善的缺席。善良的心是一盏灯，它无私地照亮别人，也温柔地抚慰自身。善是一切幸福的源泉，是铸造完美心灵的第一要素。

　　孩子的内心如果种下了尚善的根，无疑这个孩子就是有福的。用一位教育家说的话，培养一个内心住着大善大爱的孩子，这个孩子就有了福气。这样的孩子长大后，如果成为医生，手术刀充满了爱，救死扶伤；如果成为老师，眼神和语言中充满了爱，桃李满天下；如果成为摄影师，每个镜头充满爱，记录温暖瞬间；最主要的是，他会成为让自己欣赏的自己。

2. 学习力的培养

什么是学习力？学习力就是学习能力、学习动力、学习毅力等综合在一起发挥出来的能力。孩子学习成绩不好，孩子学习压力大这些问题，都是因为孩子没有学习力。学习力是一个人成长过程中最重要的能力，一个人成长最重要的阶段就是学生阶段。然而孩子学习力提升最快的时间就是 6~12 岁，不要让孩子错过孩子提升学习力的黄金时段。

在学习力的培养方面，要从两个方面下功夫。第一是学习习惯的培养；第二是学习原动力的培养。

（1）培养孩子的学习习惯

很多处于 6~12 岁的孩子，真正进入了学习的阶段。而这个阶段让父母最头疼的事情就是孩子不爱学习的居多。大部分父母会在不知不觉中犯了错误，比如苦口婆心教导孩子学习就是"头悬梁锥刺股""十年寒窗苦读才能一朝天下闻名""学习如逆水行舟""学海无涯苦作舟"等，这些就意在向孩子宣布，学习是苦的，是不美好的一种体验。导致孩子听到了这样的言论，联想到学习并不是一件快乐的事情。

所以，父母要学会让孩子体验快乐学习才能爱上学习。从锻炼大脑潜能的角度来说，有一点是父母亲务必要注意的，那就是绝对不要总对孩子说"快去念书"这种话。

这个时期儿童的大脑，属于接受越多父母的指示、命令，表现就会变得越差，因此具有丰富人生经验的成人，必须妥善指引一条明路，而主要关键就是"丢出好的问题"。建议在这种状况下可以利用好的问题，将"要这样做才对！"的命令改成选择题，以"你想要怎么做呢？"来询问，让孩子能自己选择。

比方说，如果孩子不擅长自然科，父母光说"自然科要多用功一点"或是"有不懂的地方就问老师啊"，这样还是没办法激发孩子的动力。不如改用这种方式："妈妈小时候也很怕自然科呢！不过，我只要一有不懂的地方就去问老师，几次下来之后，自然科就成了我的拿手科目。那你自己接下来想怎么办呢？"

话说到这里后，明白地把答案说给孩子听也无所谓。或者可提出两种方式，问孩子"你想选哪一种？"重要的是让孩子自己说出"我也要这样！""我会这么做！"如果想让孩子也思考解决方法，就说："说不定还有更好的方法，先想一想，明天再说吧！你是妈妈的孩子，一定想得出好办法。"试着用这种提议来激发孩子的自尊心。等到孩子努力想出来之后，别忘了大力称赞："真不愧是妈妈的孩子！"借由这种方式养成孩子自我学习的好习惯，才能算培育出真正的好头脑。

还有一点，要允许孩子建立偏科的爱好。

"术业有专攻""全才不如专才"等这样的言论都在告诉我们，偏科不可怕，那些在某个领域表现出很高的天赋的人，无一不是偏科最好的案例和示范。比如，某文学家在学校期间，数学几乎不及格，但他能写出非常漂亮的文章；再比如，某物理学家，语文学不好，但在物理方面简直是天才。再比如，某画家，学不通数理化，但能画出高水平的画作。这些说明什么？孩子偏科一点儿都不是问题，只要父母会引导，允许孩子偏科，谁说孩子将来不是某一个领域的专家和天才呢？

（2）培养孩子的学习原动力

我常给家长和学员们举例，为什么一辆奔驰要跑得比一辆奇瑞QQ快又稳？两者都是小轿车为什么差别很大？在于它们的动力系统不一样。同理，两个相同的孩子，一个拥有梦想，另一个没有，有梦想的孩子一定会比没有梦想的孩子更有学习的动力。这就是我要说的学习力的培养。

在孩子的学习能力上，我们的大部分家长不但没有培养好，而且还走入了另一个极端，很多家长都喜欢陪读，喜欢成为孩子的"新华字典"，成为孩子的"计算器"，成为孩子的"闹钟"，成为孩子做作业的"监工"，这种教育方式对孩子来说，是一种巨大的伤害，它会使孩子大脑发育受阻，反应过慢，甚至一旦没有了家长在旁边陪读，就不知道该怎么继续学习了。

真正懂得爱孩子的家长，会采用启发引导的教育方法，摒弃填鸭式、注入式、压制对抗的教育方法，鼓励孩子通过观察、思考获得自己的认知和见解，从而形成自我学习能力。

目前，家长教育孩子一般都以结果导向，直接为孩子进行定位，导致孩子自身贴了无数个标签，无法让自身得到更好的发挥。因为家长的束缚，导致孩子无法让自己得到绽放，便会影响到孩子学习力无法得到提升。正是因为这种原因，导致有些孩子很聪明，成绩无法提升，有些孩子很用功，成绩还是很差。

关键在哪儿？在于孩子没有找到学习的点，也就是对于学习的兴趣。常言道：好知者不如乐知者。如果一个孩子对所学的东西产生了兴趣，他的内心就会生发一种自我催促的动力，对一件事情感兴趣，才会学得愉快又轻松。

《卡尔·威特》中，威特父亲的教育法则就是建立在兴趣基础上的。在每次教小威特知识前，他总会尽力激发孩子的求知欲，只有当孩子对所学的内容发生了兴趣以后，他才会开始教学。

比如他是这样教威特读书的：父亲先给威特买来有趣的小人书和画册，然后讲一点书里的内容，并告诉他：如果你识字，就可以自己看懂这些书了。有时候他只是告诉威特：这本书上的故事非常有趣，但爸爸没有时间讲给你听，你自己学着看吧。故事对小威特是非常有吸引力的，在他的识字愿望激发起来以后，威特父亲的教学往往事半功倍。

卡尔·威特教儿子识字的时候，他先去打印店买来许多识字卡片，这些10分米见方的卡片上印着德语字母的印刷体铅字，还有罗马字和阿拉伯数字，每种10套。然后他将这些字母都贴到一块10分米的方形木板上，与儿子玩字母游戏。游戏从元音字母开始，接下来是拼音，威特通过这个游戏学到了很多词组。

回头看看我们的家长在孩子学习的时候，都在干什么。

①孩子正在写作业时，家长一边看电视或玩手机一边监督孩子，嘴里不停叨叨："写快点""别磨蹭""不准看电视，好好学习"。结果是：孩子不高兴，"凭啥你就能看电视，我就不能看，真不公平"。

正确做法：大人也看书，不打扰孩子，营造浓厚的家庭学习气氛。

结果：孩子心态平和，心思都在学习上。

②孩子写作业磨蹭、拖拉、不专心，该睡觉了，作业却没写完。您会怎么做？家长训斥孩子："你气死我了，怎么又没写完，我一会儿不看着都不行，快点写！我看着你。"

结果：孩子并不着急，依然慢慢悠悠看。

正确做法：严肃地、平静地对孩子说："孩子，写作业是你自己的事，你要对自己的事负责，没写完不准写了，该睡觉了，明天自己去学校跟老师解释吧。"（适当地让孩子承担自己的行为带来的一些后果）

结果：孩子意识到自己的错误，很后悔，心里想："这下完了，怎么跟老师说呀，看来明天写作业得快点了，不然还得挨批。"

③孩子一直看电视，不睡觉也不写作业，您怎么做？怒气冲天地把电视关掉，吼叫着让孩子去写作业或睡觉。结果：孩子满肚子不高兴地去了，心

里恨你，说你是暴君。

正确做法：平静对孩子说："孩子，你该写作业了，如果写不完会挨批。你还想看多久？"孩子："我再看 10 分钟行吗？"家长："行，说话算数，到时间就关电视。"双方各退一步。

结果：时间到了，孩子主动关电视，去睡觉或写作业。

所以，对于孩子学习力的培养，父母要启动孩子内在的学习兴趣，而不是凭着自己的想法强制。要设身处地站在孩子的角度想。换位思考一下，假如我们不喜欢做一件事，老板非逼着你去干，你会有动力吗？培养孩子的学习力，在日常生活中要注意从以下几点入手。

首先，教育孩子养成"好问"的好习惯。问能解惑，问能知新，任何科学的发现无不是从问题开始的。培养勤学好问的习惯，首先要有一种谦虚的态度。谦虚是学习的前提，而向别人请教就更需谦虚。勤学好问还要有追根究底的精神，不能浅尝辄止。

其次，培养孩子正确的读书写作习惯。所有的父母都望子成龙、望女成凤，期望是一回事，能否如愿又是另一回事，孩子能否健康成长，一方面在于孩子自身的资质，另一方面在于外部环境，其中最重要的是学习态度，只有拥有好的学习态度，才能产生好的学习成绩。教育孩子最好的方法便是以身作则、言传身教。

再次，养成自学的好习惯。自学，可以提高孩子的思维能力和独立解决问题的能力，所以培养孩子自学的能力对于孩子的成长尤为重要。为了方便孩子自学，给孩子配备一本适合的工具书（如字典）是必需的。并让孩子学会正确的使用方法，有时比手把手的辅导还有用。

从次，养成做读书笔记的好习惯。俗话说，"好记性不如烂笔头"。书读多了，时间一长印象就不深了、模糊了，甚至会遗忘，这是一般人的正常生理反应，任何人都会这样的。

要想以我们正常记忆量多读书而少遗忘，最好的办法就是做读书笔记。读书笔记，是指人们在阅读书籍或文章时，遇到值得记录的知识，随时随地把它写下来的一种文体。我们经常说的"读书要做到：眼到、口到、心到、手到"。这"手到"就是做读书笔记。因此，培养孩子随时随地做读书笔记是很有必要的。

最后，教会孩子选择读书内容。当今社会，课堂上的一些知识逐渐不能满足孩子日益增长的文化需要，无论是学校还是家长，都会给孩子选择一些课外书，来增长孩子的视野、见识。给孩子选择意义不大的书籍，只能用来消遣娱乐，千万不要让这类书籍占据孩子课外阅读的大部分时间。我们应该选择经典之作以及孩子们喜闻乐见的优秀儿童书，来丰富孩子们的阅读视野，孩子们才能有真正的收获。"不积小流无以成江海"，有了好的习惯，注重"今天以前"的积累，"小流"才有可能汇成"江海"，儿子才有可能成龙，女儿才有可能成凤。

孩子多读一些书，不论是校园的课本，还是课外闲书杂书，只要孩子愿意就要让孩子广泛涉猎，如果孩子不爱看书，家长更要有意识地去引导和树立读书的榜样。常言"书到用时方恨少"，如果一个家庭藏书 500 本，将会给一个孩子带去不可估量的教育优势。对于此问题，在我的第二本书《家庭教育常见问题解答》中会有答案。

3. 行动力的培养

有句话说得好：嘴说不练，等于白干。也就是说，一个人无论目标多么明确，心里有多少梦想，不去行动，不去按着自己的想法去实施，等于零。所以，对于孩子的行动力的培养就尤为重要了。比如，孩子说好，从明天开始早睡早起，但第二天依然看电视到很晚，上床很晚，第二天早晨起床很晚。比如，孩子想要学会滑滑板，结果练了三天觉得不好学就放弃。比如，孩子想要让身体棒棒的，结果锻炼了几天就坚持不下去放弃了。其实，这些都是因为孩子没有持久的行动力导致的。

一个人只有行动起来，才能使梦想和目标具有现实意义。孩子的行动力强不强，在于父母有没有给孩子制订一个好的计划。

孩子制订计划固然很重要，但不可让孩子把时间放在制订计划上，更不可让孩子制订了计划不去执行，否则计划就失去了意义。计划赶不上变化，与其制订漫长的计划，不如让孩子立即开始行动。作为父母，我们应该让孩子知道，完美的计划只是一个开始，一切事件的成功最终还是要回到行动上来。只有计划而没有行动，计划就是空想，唯有行动才可以改变命运，一万个空洞的幻想也不如一个实际的行动。

父母需要帮助孩子制订一个详细规划，在做一个决定的时候，无论是想学好一门外语，还是把数学成绩提高，甚至小到一次画好一幅画，大到一次钢琴考级，都应该想到一年后将是什么样的结果。在规划方面我有一个案例与大家分享。

小农场主凡内芮和一位歌唱家（我）的对话。

"想象你五年后在做什么？"凡内芮问。

我愣了一下。

她转过身来，手指着我说："嘿！告诉我，你心目中最希望五年后的你在做什么，你那个时候的生活是一个什么样子？"我还来不及回答，她又抢着说："别急，你先仔细想想，完全想好，确定后再说出来。"我沉思了几分钟，开始告诉她："第一，五年后，我希望能有一张唱片在市场上，而这张唱片很受欢迎，可以得到许多人的肯定。第二，我住在一个有很多很多音乐的地方，能天天与一些世界一流的乐师一起工作。"

凡内芮说："你确定了吗？"

我慢慢稳稳地回答，而且拉了一个很长的"是"！

凡内芮接着说："好，既然你确定了，我们就把这个目标倒算回来。如果第五年，你有一张唱片在市场上，那么你的第四年一定是要跟一家唱片公司签上合约。

"那么你的第三年一定是要有一个完整的作品，可以拿给很多很多的唱片公司听，对不对？

"那么你的第二年，一定要有很棒的作品开始录音了。

"那么你的第一年，就一定要把你所有要准备录音的作品全部编曲，排练就位准备好。

"那么你的第六个月，就是要把那些没有完成的作品修饰好，然后让你自己可以逐一筛选。

"那么你的第一个月就是要把目前这几首曲子完工。

"那么你的第一个礼拜就是要先列出一整个清单，排出哪些曲子需要修改，哪些需要完工。

"好了，我们现在不就已经知道你下个星期一要做什么了吗？"凡内芮笑笑。

"喔，对了。你还说你五年后，要生活在一个有很多音乐的地方，然后与许多一流的乐师一起工作，对吗？"她急忙地补充说。"如果，你的第五年已经在与这些人一起工作，那么你的第四年照道理应该有你自己的一个工作室或录音室。那么你的第三年，可能是先跟这个圈子里的人在一起工作。那么你的第二年，应该不是住在得州，而是已经住在纽约或是洛杉矶了。"

次年（一九七七年），我辞掉了令许多人羡慕的太空总署的工作，离开了休斯敦，搬到洛杉矶。

说也奇怪：不敢说是恰好五年，但大约可说是第六年。1983年，我的唱片在亚洲开始销起来，我一天24小时几乎全都忙着与一些顶尖的音乐高手，日出日落地一起工作。

　　这就是规划的意义。父母给孩子定一个规则，可以像上面故事中那样，利用倒推。比如，想让孩子行动起来，就先问问孩子三年后或五年后想成为一个什么样的人。是一个因为学习不好退学的人，还是想做一个学习成绩不错，考一所心仪的学校，学自己喜欢的专业呢？想让孩子锻炼身体，就问孩子将来希望自己个子高、身体棒，能参加球队或加入长跑等，然后，接着给孩子列出第一步如何做，第二步如何做，第三步……这样帮助孩子列出清晰可见的目标，孩子才不会因为没有目标而不知道如何去行动。

　　生活节奏日益加快，但对孩子来说，他们还没有接触社会的经历，自然感受不到行动力对一个人的意义。但是，孩子要长大，一个作风拖拉，总是把梦想放在嘴上而不去行动的人是无法在竞争社会立足的。对此，从小训练孩子主动把握现实的能力和智慧是根本。

　　一个男孩的父亲从儿子上幼儿园起，就有意识地培养孩子的行动力，比如，让孩子在规定的时间内起床，用沙漏计时跟孩子比赛穿衣服，出门去学校的路上，跟孩子设定路上的建筑物，一起跑步；回到家，让孩子把自己的衣服鞋子归位，培养孩子对物品的秩序感，等等，让孩子逐渐养成敏锐捕捉信息并做出反应的思考力和行动力。在家，也常开展有益的亲子竞赛，通过胜负交替，锻炼了孩子的心智，也提高了灵敏度。

　　行为方式决定行为能力，孩子磨磨蹭蹭一旦形成习惯，补救非常困难。并且，生活上拖延的坏习惯会迁延到学习、交往等多方面，引发一系列不良后果。父母合理安排好孩子的生活，从点滴小事做起，教育孩子提高做事效率，就能帮助孩子克服磨蹭的坏习惯。

　　孩子的很多想法很简单也很天真，有些想法看起来甚至有些荒唐，但我们都不要给他们的这些想法浇冷水。作为父母，要经常鼓励孩子去把自己的想法付诸行动。要让孩子知道，不管他有什么想法，都应该立刻行动起来。

有句话说得好：一百次心动不如一次行动！行动是一个敢于改变自我、拯救自我的标志，是一个人有多大能力的证明。当孩子决定要做一件事的时候，不要让他为自己找种种难以开始的借口，一定要立即行动。

12~18 岁时期的三大关键需求

1. 逻辑思维的培养

逻辑思维是思维的一种高级形式，人们在认识事物的过程中借助于概念、判断、推理等思维形式能动地反映客观现实的理性认识过程，又称抽象思维。只有经过逻辑思维，人们对事物的认识才能达到对具体对象本质规律的把握，进而认识客观世界。它是人的认识的高级阶段，即理性认识阶段。

而 12~18 岁这个年龄段的青少年，正是对一些事情有了理性认识的阶段。对于家庭的经济状况，父母的和谐程度，以及自己的学习能力和将来考一个什么学校等都有了清晰的认识。那么，这个时候父母对于孩子的培养就要有意识地让其的理性认识得到锻炼。

电影《教父》里面有一句话非常好：花半秒钟就看透事物本质的人，和花一辈子都看不清事物本质的人，注定是截然不同的命运。

我之所以欣赏这句话，就是想跟广大父母探讨，如果一个青少年，从正式踏上社会闯荡之前就能得到这方面的培养，能对事物的本质有一个清醒的认识，那么将来这孩子则受益无穷。

因为我们处在网络时代，信息泛滥且杂乱无章，我们需要火眼金睛，也需要对孩子培养这种起码的理性思维。思维这事儿，我们大部分人觉得是个自然而然的过程，认真反思过的可能有一些，认真学习过的估计很少，课堂也从来不教。可是，逻辑思维在我们学业、生活中很重要：

淘宝到货一打开跟官网上包装不一致，是不是买到假货了？

朋友推荐街上的馆子，到了一看，门对门两家，一家"某某小吃"，一家"正宗某某小吃"，哪家是真的？

某某大学生被某某骗子把入学学费骗光，导致该学生悲愤自杀。

某某孩子因为相信了搜索引擎，被某医院治死花光积蓄。

看到这些事，我第一反应是：这完全是一些可以避免的悲剧；第二反应是：自家娃必须要学会科学严谨的思维方式。我们可以走错馆子，但不可以被骗没了命。

所以，从12~18岁这个年龄段要让孩子理性看待一件事情，那么等到他长大就有了起码的逻辑思维能力，遇到不合乎逻辑的事，他能自我防范并能理性思考。

不可否认，思维能力和阅历的确有关，但是思维模式、习惯以及长期练习，能在很大程度上弥补阅历的不足。一方面，我们可以尽可能提升自己的阅历和见识；另一方面，我希望教给孩子科学严谨的思维方式，当他们有机会见识甚至处理自己阅历以外的事情时，不会因为陌生而手足无措，而是能快速识别其中的信息并进行处理。

2. 价值观的培养

近年来，关于"80后""90后"的生存状态、价值取向等问题频频成为国内舆论的热点，各种新名词也层出不穷，如"月光族""啃老族""蜗居族""麦兜族"……反映了这一代人的尴尬境况。教育专家指出，青少年的价值观是影响他们确定行为目标、选择行为方式以及解释行为结果意义的核心因素，社会、学校和家庭要予以充分重视。

所以，对于 12~18 岁年龄段的青少年来说，对于全方位价值观的培养势在必行。我在我们青少年训练营上调查 15 岁左右的女孩子，问她们喜欢什么样的男生，七八个女孩子回答的惊人的相似：长得帅，对我好，家里有钱。我被惊到了，这样的价值取向我认为要么就是家庭灌输的，要么就是父母的条件；这就让我思考，我们必须对青少年进行价值观的培养。据报道，德国人在培养青少年价值观方面追求的是自我发展，是个人独立性的提高。家长认为独立性和丰富的想象力是孩子应该具备的素质，相反，许多原来被公认的社会价值观，如顺从、勤奋、大公无私等，已经得不到家长的认可。德国青少年重视安全和谐的生活环境，珍视人与人之间的情谊，对财富和权力态度淡然。有调查显示，德国青少年认为世界和平、生活和谐及真挚的友谊是人生最有价值的，而社会权力、权威、遵循传统和财富则不那么重要，45% 的德国青少年对政治不感兴趣。

价值观培养的目标是培养青少年具有客观的认知能力和良好的行为。这些价值观包括容忍、值得信任、相互尊重、激励、同情、谦逊和尽力而为。笼统地说，就是"做一个好公民"，具体的目标有尊重自己、尊重他人、尊重他人财产、尊重环境等，并细化为如何倾听、如何打招呼等。

澳大利亚著名教育学家希尔将价值观教育概括为以下五个方面：第一，使学生获得建立价值观的典型知识，以便有助于形成当代文化；第二，使公民意识成为学生认知和情感的重要部分，使他们坚定地奉行这些价值传统；第三，发展学生批判性和鉴赏性的价值观评估技能；第四，发展学生价值协商、道德决策的技能；第五，鼓励学生关心社区（团体）及成员的能力。他分析指出，所谓有道德的人，是遵循道德规则，履行社会规章，具有处理人际事务的理性自律和选择的自主性的人。

据我所了解，大部分家长对于价值观的认可还存在偏颇。比如，认为早恋一定是有问题的。认为孩子玩网络游戏就是洪水猛兽，欲禁止而后快。其实，在我看来这都是家长价值观有了问题。

在我看来，早恋是一个孩子对未来家庭婚姻最直接的情愫萌发，如果父母正确和科学引导，一定会让孩子形成正确的婚恋观，对于将来孩子择偶、成家、婚姻是否顺畅能起到非常好的帮助和指引。对于游戏，更是要用科学发展的眼光去对待。我们是一个互联网社会，家长要有互联网思维。在我看来一个会玩游戏的孩子一定比一个不玩游戏只会死学的孩子思维更灵活。还有其他价值观的培养，比如金钱观、事业观、学业观等，所以，我提倡的是全方位的价值观。因为，社会在变在发展，家长的眼光和思维也要跟上，否则，自己的价值观都不对，怎么能培养孩子呢？

3. 立志的培养

说起立志的培养，我就会想起小时候我们老师常跟我说，要像周恩来同志学习，他是为了中华之崛起而读书。现在来看，那就是一种少年立志。处于12~18岁年龄段的孩子，正是对于未来无法准确把握，又极易被社会现象同化的一个阶段。比如，也有很多人认为，读书无用，考大学无用。而这个时候，如果没有对孩子正确的立志培养，可能孩子就会懈怠，会认为真的考大学也没什么用，认为读书也没什么用。

考大学当然有用。以前我看过一个故事，一个17岁的孩子喜欢上了同村的女孩。他跟父母说了自己将来打算跟这个女孩结婚。他的父亲很有智慧，既没有表现出赞赏（我儿子真有能耐，17岁就能搞对象）；也没表现出反对（听说早恋就认为天下大乱）。而是跟儿子说了这么一番话："你将来要在咱们村儿生活，你就娶一个村儿里的女孩，你将来要在县里生活，就娶一个县城的姑娘；你将来要在省城生活，就娶一个省城的姑娘；如果你将来想去国外生活，你就娶一个国外的姑娘。"儿子听了父亲的话，默不作声，很快孩子意识到是自己青春年少，冲动使然。后来这段早恋不了了之。

当然，这位父亲的话不一定全对。因为想去国外生活不一定娶外国姑娘。但我又赞同这位父亲的观点，就是要让孩子意识到自己眼界和思维还不够开阔。这也就是我要跟大家探讨的关于立志的培养。

如果一个孩子立志要考清华北大，另一个孩子想着得过且过。我们有理由相信，那个立志要考清华北大的孩子学习上一定有能力。因为在他心里有目标和蓝图。

让孩子能清晰地享受到，在做自己喜爱的事情时所感受到的幸福，就是在引领我们的孩子，在纷繁复杂的生活道路上，找到属于自己的，能发挥自己个人独特创造力和才能的方向——志向。

一个有志向的人，才能经得起生活的各种考验，因为志向能给他更多的力量，能让他不言放弃，能激励他越挫越勇，咬定青山不放松。

常常会有一些妈妈或者带着自己的孩子来咨询，大量的咨询话题都会集中在学习上，尤其是学习态度、学习热情和上进心上。

而几乎每次有妈妈在介绍孩子的情况时，都会说孩子其实挺聪明的，从小就能怎么样怎么样了，在孩子喜欢的事情上，又能怎么样怎么样地超过同龄人或者比孩子年龄更大的伙伴等。

而目前不好好学习的原因，就是不喜欢现在的这个任课老师，因为这个任课老师很喜欢针对我们的孩子发难，或者因为这个学校的风气不好，孩子常常受到其他不爱学习的同学干扰，再或者自从住校之后，孩子的生活习惯和规律被打破了，不是更爱学习了，而是更会睡懒觉了……

每当这个时候，我都会问孩子对自己未来有什么设想？或者问妈妈是不是知道孩子对他未来的想法是什么？答案几乎是一致的不知道，而且理由也是一致的"现在孩子还小,现实又变化很快,没有怎么去考虑这件事情"。

这就是问题的症结,孩子没有志向自然就不会有为未来而学习的动力。如果我们能从孩子很小的时候就开始,观察并鼓励他们的劳动行为和劳动成果;鼓励并赞赏他们的学习能力和精彩表达;赞赏并激励他们的异想天开和创新创造,让孩子能从小就得到"与他人不一样的"认同和赞美,启发并鼓励孩子对自己的未来做设计,适时给予孩子对未来的信心,那么我们孩子的伟大志向,就会悄然地被培养起来。

第四章

男孩女孩不同的培养方向

如何对待孩子的性别差异

1. 男孩和女孩的差异

有句童谣说:"女孩是用糖、香料和一切美好的东西做成的;男孩是用剪刀、青蛙和小狗尾巴做成的。"这可能暗示了女孩安静、听话,喜欢糖、香料等一切美好的东西,而男孩坐不住、捣乱,喜欢一切冒险性事务的原因。

我还看过一篇帖子,是这样说的:第一名是女孩子,班长是女孩子,团支书是女孩子,学委是女孩子,语文与英语科代表是女孩子,乖巧听话的是女孩子,懂事体贴的是女孩子,上课认真听讲、积极回答问题的是女孩子,课后认真写作业的是女孩子,试卷干净整洁的是女孩子,计算准确无误的是女孩子,单词默写全对的是女孩子,英语发音清晰的是女孩子,作文被老师拿出来诵读的是女孩子,阅读理解透彻的是女孩子,暗暗较劲儿互拼成绩的是女孩子。

成绩倒数的是男孩子,不屑做班干部的是男孩子,上课趴着睡觉东倒西歪的是男孩子,被老师点名回答问题却连问题是什么都不知道的是男孩子,老师出错大声质疑不给老师一点面子的是男孩子,单词默写全错的是男孩子,口语训练沉默是金的是男孩子,作文得分低的是男孩子,做阅读不看文章提笔就做的是男孩子，计算频频出错的是男孩子，拿着喜欢的游戏与球队较劲儿的是男孩子。

虽然这个帖子里传达的不一定全部是事实，但女孩和男孩的确是有差异的，这是不争的事实。由于大脑的细微差别以及大脑中某个部位的发育先后顺序及程度不同，造就了女孩与男孩的差异。男孩和女孩的差异究竟具体表现在哪些方面呢？

语言方面：一项研究表明，女性大脑可更缜密地加工语言。这就可以解释，为什么女孩通常比男孩说话要早，而且表达能力更好。学龄前阶段，她们更早说出更长、更复杂的句子。进入到小学后，女生在阅读和写作上的成绩通常也比男生要好。

空间思维能力：男孩发育得更好，因此他们的数学成绩也会更优秀。男孩大脑中负责空间感知能力的部分，要比女孩发育得好，所以男孩在立体思维上要比女孩更优秀。空间思维能力是比较显著的男女差异之一。在学校里，男孩的数学成绩通常比女孩好，特别是在几何领域。当然，能力和成绩不是对等的，数学成绩好的男孩固然比女孩多，但成绩差的也不少。

女孩的空间感和抽象思维能力不如男孩。女孩缺乏空间能力，如感知物体形状，选择正确路径。美国科学家做过一项部件组装测试，要求男孩子、女孩子把不同的火花塞和瓶塞分别插到对应的内燃机、瓶子上，结果男孩子的成绩远远超过女孩子。这或许可以解释为什么女建筑师的数量要远远小于男建筑师。女孩更为薄弱的抽象思维能力使得她们在数理方面的学习较男生困难。当数学不再只是四则运算，必须学习、运用抽象的概念和理论时，女孩的语言能力便派不上用场了。因此，家长不妨有意识地让女孩多玩三维立体积木和游戏，以增强其空间思辨力。

动作方面：男孩在大肌肉运动上领先，女孩在精细动作上占优势。更好的空间感使得男孩的运动能力比女孩好，他们平均会比女孩早 3~4 个月开始奔跑和跳跃。但是在精细动作的发育上，男孩要比女孩慢，这也是大脑相应部位的差异造成的。所以女孩会更早地被肯定为心灵手巧，画画、拉拉链、写字都是她们的强项。

情感特征：女孩更复杂，男孩更直接。在女孩的大脑中，负责表达和处理复杂情感（如忧伤和幻想）的区域更发达，相对而言，男孩大脑中处理一些简单、直接的情感（如恐惧和愤怒）的区域更大。这就是为什么那些让女孩感觉沮丧的东西，男孩往往无动于衷，而他们更容易在争斗中被激怒。这些大脑结构上的差别还可以用来解释为什么女孩更容易理解和感受别人的情感，她们在三五岁的时候就能够表现出考虑问题更加周到的特质。相反，男孩表现得更加直接和对抗，他们经常放弃口头表达而选择肢体动作来解决问题。但从另一种意义上讲，男孩打得多忘得也快，而女孩就比较容易记仇了。

游戏方式：男孩在追跑打闹中获得快乐，女孩喜欢"婆婆妈妈"的内容。从两岁开始，男孩更爱奔跑、跳跃，做一些需要摸爬滚打的游戏。不要把男孩子的打斗全部归结为攻击性行为，相反，那些打打闹闹的男孩之间关系相当不错，有时候他们的打斗行为甚至是友谊的一种表现。同样是玩过家家游戏，女孩子喜欢一些家庭生活的内容，而男孩子则倾向于表现生死毁灭。男孩喜欢强有力的形象，所以他们喜欢超人。

安全问题：男孩的主动伤害更多，女孩因为最危险所以最安全。因为从小到大都受到严格的保护，听到严厉的警告，所以女孩的生活相对安全。就在女孩们英雄无用武之地的时候，男孩们的能量正在极大地发挥。他们非常喜欢危险和高难度所带来的刺激，所以总会尝试做出头朝下滑滑梯，在楼梯上玩滑板，乃至翻墙、跨沟之类的危险动作。在女孩们看来，他们简直是疯了。

压力的承受力：男孩是"短跑选手"，女孩的持久性更强。短期压力对于男女所造成的影响正好相反：增强男性的记忆力，削减女性的记忆力。因此，男孩在阶段性压力下会学得更好。而女性的大脑对于长期压力的承受力更强，所以当女孩遭遇父母离异等痛苦时，表现出来的适应性也更强。此外，男孩、女孩面对失败时的态度也有很大差别。如果一次考试成绩差了，女孩会觉得是自己的能力不行，而男孩通常说是没有准备充足。

男女之所以有上面这些差异，并不是人们凭空想象出来的，而是有科学依据的。近几年，国外有一门新型的科学——性别科学，对性别如何影响男孩女孩的问题，很多发达国家都有过研究，其结果显示，男孩与女孩的大脑的差别至少有 100 处。我简单列几个常见的：

（1）男孩血液中的多巴胺含量较多，流经小脑的血量更多（多巴胺可增加冲动和冒险行为的概率。而小脑是控制行为和身体行动的。流经小脑的血流量多，小脑就比较活跃，所以男孩就爱动）。这些因素导致男孩在静坐和久坐的过程中学习能力总体上不如女孩。男孩更有可能从肢体运动中学习。

（2）男孩的胼胝体与女孩的体积不同，女孩的胼胝体能容许两个大脑半球进行更多的交叉信息处理，可以同时同质量地完成多项任务。而男孩同时只能做一件事。这项说明能很好解释，为什么男孩正在玩一件事的时候，有时候家长喊好几声都不听。他不是故意的，而是注意力太集中。

（3）女孩在颞叶中拥有更强大的神经连接，促进了更多复杂的感知记忆的存储，以及更好的听力，所以女孩对声音的语调特别敏感。而男孩则较少听到回响在耳畔的声音，特别是当声音以语言的形式出现时更是如此。所以用听课的方法进行学习的时候，男孩就没有女孩的效果好。男孩需要更多的触觉型的体验，以便激发大脑学习的积极性。比如说那种动手又动脑的学习方式就比较适合男孩。

（4）男孩与女孩大脑中的海马（大脑中的一个记忆存储区）的工作方式也不同。男孩需要更多的时间才能记住课堂上讲的内容，特别是写出来的文字内容。这就是背课文对男孩是件困难的事的一个原因。

（5）男孩的额叶没有女孩活跃也没有女孩发育得早，所以，男孩容易作出冲动的决定。这种冲动，会使男孩在进行户外独立学习时效果更好。而我们是让很多孩子在一个狭小的教室里固定在座位上学习，男孩的学习效果就大打折扣了。

（6）女孩大脑中主要的语言中心，发育得更早、更发达。女孩还拥有更多的雌激素和后叶催产素（这些化学物质直接影响语言的使用）。男孩则具有更多的睾丸激素（一种与攻击性行为密切相关的激素）与后叶加压素（与地盘性和等级制度相关）。由于血液中的后叶催产素含量较少，大脑对语言的重视度不高，导致男孩在静坐或谈话时的学习效果不佳，这种学习方式自然也无法引起他们的兴趣（他们的脑中学习那个键，常常通过行为反应、等级竞争和攻击性培养起来）。

（7）在完成任务的休息时间，男孩的大脑会进入一种"睡眠状态"，使自己恢复、补充能量后为完成下一个任务做好准备。这种对男性大脑的活动至关重要的睡眠状态很可能在教室里酿成大祸。大部分未完成作业、在课堂上停止做笔记或睡觉，或者以摆弄铅笔（做小动作）或坐立不安等方式进行自我刺激的学生都是男孩，这样做的目的是为了保持清醒以便继续学习。看来我们都错怪了他们，总以为他们是故意违纪的。

（8）男孩主要的荷尔蒙是睾丸激素，它在高中期间达到很高的水平。处于青春期的男孩每天通过大脑接受5~7次该种激素的刺激。睾丸激素可以提高男孩空间、运动知觉的发育和右侧大脑中心的应用。男孩拥有的睾丸激素比女孩高20倍。所以毫无疑问，处于青春期的男孩的大脑和女孩是不同的。此时女孩的荷尔蒙雌性激素和后叶催产素正不断提高左额叶的语言发展，而男孩荷尔蒙正推动男性大脑的攻击性行为，空间、机械和肌肉运动知觉的身体体验。所以，到了高中以后男孩子往往学习要更好。

当我们知道了科学的研究得出这些结果之后，对于男孩女孩由于性别差异导致的很多不同就有了一些认识，那么在教育孩子的方面才会有意识地去培养不同孩子的不同长项，补进短项，而不是用普通的眼光看待孩子，对孩子出现的一些反常行为一概而论。

2. 穷养、富养的根本意义

"穷养儿子富养女"是民间的一句古训，对古训的理解，不能一概而论，要从哲学和广义上去领会，不能从狭隘的角度去接受。否则，每条谚语与古训都有偏正。

作为家长，我们首先要理解，什么是真正意义上的"穷"和"富"。

"穷养"男孩不是要把孩子养得邋里邋遢，没了自信和智慧，而是让他养成坚强、独立自主、克制物欲、勤俭持家、奋发图强的优良品质。穷养男，更是一种挫折教育，男儿当自强，而没有经历过失败挫折的男孩是长不大的。男生将来是要奋斗的，必须让他知道钱来之不易，做个真正的男人，这一生要蒙受的磨难、冷眼、屈辱、挫折不知会有多少。古人说，天将降大任于是人也，必先苦其心志，劳其筋骨，饿其体肤，如此才能修身、齐家、治国、平天下。男孩从小就应培养艰苦朴素、吃苦耐劳的作风，仁义孝道的思想，尤其在物质上不能无节制、无原则地给予，否则容易成为又一个纨绔子弟。

"富养"不仅仅指生活的富足，更是教育的富足。富养女孩不是娇生惯养，而是给她精致的生活，让她自信自立，眼界开阔，尊重他人，做一个有品位、有气质的女孩。富养的女孩，从小会被带着出入各种场合，增加阅世能力，等到花般年纪，再到尘世里艰难成长，便不易被各种浮华和虚荣所迷惑。一个没见过大世面的女孩，在纨绔子弟的糖衣炮弹下，很可能被花言巧语所击败。富养的女孩，因为见识多，独立，有主见，明智，很清楚自己真正追求的东西。女孩称为千金，估计也有这方面的渊源。虽说相貌由天而生，可也需要后天的精心呵护，需要平日的精致雕琢，这显然需要一定的物质基础。从另一个角度来说，除了给予较好的物质条件外，更需要开阔女孩的视野与见识。富也是"丰富"的意思。懂得美，懂得欣赏，懂得辨别，也就懂得了自我保护，而不会被外界的事物所诱惑。

"穷养儿富养女"这个观点一经提出，很多家长都纷纷效仿。但不排除部分家长陷入了误区。

有些家庭认为女儿要"富养"，于是尽可能为她创造优越的条件，让她懂艺术、上好学校、穿好衣服，培养她优雅的举止和良好的气质。

有一对小夫妻，家里有个三岁的女儿。为了践行富养女法则，托关系把孩子送进了一个非常高级的国际幼儿园。幼儿园里无论从硬件还是软件上都是一流的，聘请的是外教，双语教学。孩子能选择这样的环境当然是非常好的。但现实情况是，夫妻俩的收入加起来一个月不到一万元，而孩子的托费一个月就 6000 元。同一个幼儿园入园的其他父母无论从收入还是家庭条件都要超过这对父母很多。这对小夫妻表示很有压力。每个月除去孩子的托费，家里的开销可谓小心谨慎。老人给带孩子，看不惯小夫妻俩的做法，劝其给孩子选个便宜点儿的幼儿园，可女孩妈妈不但不同意，还说老人死脑筋。不但不能给孩子换普通的幼儿园，在吃穿用度上也要最好的。这样才能把女儿养育好。最后因为生活压力实在太大，夫妻俩经常互相指责，说对方挣得钱少。家里弥漫着看不见的硝烟，战争一触即发。

这个案例中的父母就是陷入了"富养女"的误区，这样的富养并不富，反而是有害的。不顾家庭条件去够自己原本够不着的生活，导致生活压力倍增。有压力的生活促使夫妻俩的内心产生焦虑，互相指责，这样的家不温暖不快乐，孩子怎么可能"富"得起来。

相反，我认识的一个朋友，他也有女儿。他所践行的"富养"就很有智慧。从孩子来到这个家里，他就暗暗发誓当个好爸爸，呵护自己的爱人。孩子从小目睹爸爸爱妈妈，妈妈温柔体贴，这个女孩在平和快乐的家庭氛围中长大，虽然父母并没有给她带来很多的物质享受，但这个孩子学会了什么是温暖。上小学的年龄已经表现出了优雅的一面。见人礼貌地打招呼，面带微笑，跟人说话从来不会大声叫嚷，一看就是在富足平和的环境中长大的样子。

对于"穷养儿"也不要陷入误区。有的家长一听要"穷养"就限制孩子的日常花费，孩子想买一双名牌鞋子也要讲一大堆道理不让孩子买，更有甚者，还故意装穷让孩子觉得自己家没钱。我认为，这样做就是一种穷养误区。对男孩太严苛了会让他习惯顺从权威，男孩从小过分穷养也可能让他变得唯利是图。有一些人在成年以后走上歧途，恰恰是因为他们小的时候过于贫穷，以至于有钱高于一切从小在他思想里扎了根，为了达到这个目的，可以不择手段。

杨澜说过，不管父母是穷还是富，孩子将来都要自己经营人生。因此，父母要让孩子学会从小把钱、情感、价值、精神能够放在一个相对合理的位置上。杨澜的做法是，在孩子很小的时候就给他们灌输一个理念：18 岁以后，妈妈把大学的学费都缴齐了，你们就自己过日子了。暑假的时候，杨澜的儿子去博物馆实习，跟工人们一起拆木箱、钉钉子、做记录，因为是高中生，博物馆并不给他付工钱。中午在外面吃饭，班上有一些同学吃比萨，还有一些同学甚至吃更贵的寿司等，但儿子觉得自己还没有挣钱，就买一个 5 元的三明治吃了。回来以后，杨澜对儿子的行为大加表扬。杨澜跟儿子说，你要算算，假设你刚刚大学毕业每个月可以挣多少钱，如果一顿午饭就花 40 元，意味着你根本养不活自己。

所以，真正的"穷养儿"是要让孩子担起未来自己人生的责任，而不是装穷或喊穷。同样，有的家庭经济条件非常优越，把女儿娇宠到傲慢、无知的程度，殊不知，溺爱只能让女孩长大后骄纵无礼，"谁愿意娶这样的女孩进门？"

所以，作为爸爸妈妈应该对男孩、女孩分别对待抚养。富养和穷养的说法是从传统的"男主外、女主内"的性别角色来说的，不符合现代社会的价值观。当今社会，女孩和男孩一样，都要有自立能力和开拓精神。过分娇惯女儿，不利于其未来的发展。按照性别的不同进行穷养和富养都过于盲目，在讲究个性张扬的现在，与其注重性别教育，就不如注重个性培养。现在的孩子都极富创造力、想象力，让他们自由选择、自主发展吧。不论男孩还是女孩，最关键的是要培养正确的价值观、财富观。而过分纠结于穷养、富养问题，"往往是父母自己过于看重金钱的结果"。

3. 穷养富养都不如教养

前面我们谈了穷养和富养，其实，在我看来，富养和穷养都属于方法论，教养才是世界观。要不然，我们培养一个孩子，在自己家里看着好，走到社会上不一定被社会认可，如果我们在自己的国家感觉孩子还能说得过去，但一到国外，素质和教养就露了馅。要不然怎么很多国家对咱们中国人独独有偏见或成见，旅游风景区的不文明提示标语，单独标示汉语呢？

所以，不论穷富，培养一个有教养的孩子才是我们当下要重视的。一个有教养的人，才是一个合格的社会人，才能影响下一代。比如，当你的父亲是一位受人尊敬的人，人们在提到你时也会对你尊敬有加；若你生在一个被人唾弃的家庭，那你也会跟着被人唾弃。虽然这些事情都不绝对，但古往今来，这个道理都依然存在着。格里梅尔斯豪森说过：没有教养、没有学识、没有实践的人的心灵好比一块田地，这块田地即使天生肥沃，但倘若不经耕耘和播种，也是结不出果实来的。"有教养的人的遗产，比那些无知的人的财富更有价值。"这个社会并不讨厌穷人，也不会因为你有钱就一味接纳纵容你。

因为，人人都会喜欢有教养、有素质的人，厌恶与唾弃那些不知教养为何物的人。

比如，前几天新闻说一个农民工大哥因为自己在工地上踩了水泥的鞋，怕踩脏银行的地板，这位大哥竟然把鞋脱在银行门口进去取钱。很多人为这样的大哥点赞。这就是一种教养，不分穷富贵贱。

比如我的朋友说，有个清洁工想跟他换一个零钱，掏钱的时候把自己的手擦了又擦，其实在我朋友眼里，当时清洁工的手并不脏。这就是教养。

而我们作为父母，从小给予孩子的一定不要仅仅停留在穷养或富养上，而是要着眼孩子的教养。一旦有了教养，不论你农民工，还是清洁工，都因为有教养而被人尊重。

没有教养的案例比比皆是：

　　一个老人带着孩子上公交车，当时有个年轻的姑娘在车上有座位，当时车上只剩下一个空位，在这个姑娘对面的三连座上，老人对着一个十几岁的孩子说，"宝贝，那里有个位置，快去坐。"男孩坐在座位上后，就一直低头玩手机。随后，老人手抓扶手站在两个三连座之间，面对着那位年轻姑娘说："现在的年轻人书都白读了，都不晓得给老年人让座。小姑娘，你不懂尊老爱幼吗？"听到老人这番话，这位姑娘心里很生气，心想"平日里，遇见年迈的老人，我都会毫不犹豫地起身为他们让座，但她自己的孙子明明就坐在一旁，反而让我来让座，还说我书白读了，对这席话我确实不能接受"。

见女孩没有让座,老人开始喋喋不休,抱怨她没教养。姑娘也生气回应:"你怎么不让你孙子让座?"这时,旁边有的乘客也忍不住埋怨老人的做法。

在这个案例中老人是一个双重标准形象,一方面爱护孙子,把空位让给自己孙子坐;另一方面却指责别人不给他让座是没有教养。这会在孙子面前树立不好的榜样,不利于孙子的成长。作为孙子,应该以老人利益为主,如果他一开始就谦让,把空位给自己的长辈坐,"让座风波"就不会发生。所以,像这样的家长就是只强调别人要有教养,没有看到自己和自己的孙子没有教养。

还有一个我亲身的经历:

有一次坐飞机出差,后座的小孩一直在踢我的椅背,而且从上飞机开始就一直吵吵闹闹不肯停歇。起飞前要求每个人都要关闭手机,空姐提醒了好多次,小孩依然拿着手机玩个不停。家长说:"没关系的,我们都开了飞行模式了,不会影响的。"空姐解释说很多手机的飞行模式效果并不稳定,而且机载设备都很灵敏,怕有所干扰。家长竟然说:"怎么,我用的可是苹果手机,这么好的手机会不稳定?"空姐耐着性子沟通再三都没用,最后是机长亲自来劝说,不关机就不飞了。乘客情绪都普遍激动起来,纷纷指责这位家长。

家长迫于众怒,关掉了手机。

手机关机以后,孩子就开始闹情绪,边哭边更加用力地踢我的椅背。当我实在是受不了,转过头去微笑着说:"小朋友,能不能不踢别人的凳子呢?"

小孩倒是安稳了一会儿,反而她的家长却又说出了一句天下熊孩子烂家长的必备语句："她只不过是个小孩子，你跟小孩子瞎计较什么？没素质！"

我心想"父母无意识地骄纵孩子，甚至父母自身都不具备的素质，孩子又怎么会有呢？"

教养是什么？我的理解是心里有他人，发自内心地关心爱护他人。教养有两个层面，一个是外在，刚刚举了很多例子，还有一个是内在。真正的教养一定是由内而外表现出来的。

台湾著名管理学大师余世维讲过一件事，他每次住宾馆退房时都尽量把房间还原成刚刚进来时的样子，他说这样的目的就是想让打扫房间的人觉得，嗯，刚刚那位客人一定是一个有教养的人。

所以，我们要给孩子的心田播种美好，这个美好就是能让他受用一生的——教养。

培养男孩的三大核心方向

1. 男孩最大特质——勇敢

通过男孩和女孩的差异比较，作为家长就要有针对性地对男孩和女孩采取不同的教育，培养出属于他们的特质。在我看来，对于男孩的培养，勇敢是第一位的。众所周知，男孩生性调皮，心理承受能力相对较强，要注重培养男孩勇敢的品质。当然，这里的"勇敢"不是初生牛犊不怕虎，也不是心急莽撞，而是一种将智慧与勇气糅为一体的人格魅力。现在，独生子的性格基本呈弱化走势。男孩只要离开家和父母就变得胆小，在学校害怕，在野外害怕，与人相处害怕，有烦恼害怕……只有激发男孩内心的勇气，让他们不再害怕，选择勇敢，将来才能成为一个有作为、有出息的人。

男孩子生性好动、顽皮、胆子大、好奇心强，甚至有点"小霸王"。正因为此，父母更应因势利导，绝不能压制其个性的发展。想要成为一名真正的男子汉，既有天生的气质因素，更有后天培养的成分，所以父母应该有意识地在一些行为习惯上，培养儿子的男子汉气概。

首先，多鼓励男孩子探索和冒险。男孩天生爱动，喜欢探索新奇的事物，对物体、动物更感兴趣；大多数男孩喜欢动态、具有竞争性的游戏，喜欢新玩具，并且动不动就会把玩具或者其他东西拆开来研究。作为父母，千万不可因为儿子把东西或玩具拆了而责备他，要知道这正是孩子的探索性和创新性所在。父母甚至可以在一定程度上鼓励孩子多探索，例如带儿子去爬山、野营、郊游等，这会有助于孩子健全人格和自信的培养。

在我小时候，为了研究录音机是怎样发出声音的，趁父母不在把录音机大卸八块，把磁带绕了一地，看着一堆零件，自己怎么也安装不上去。好在，父母回来并没有骂我，尤其是父亲帮着我一件件安装了上去，虽然最后的结果是因为我把一些磁带给绕了出来，再复位后听的声音就很卡，但从那次我知道了录音机的原理。父亲还鼓励我动手能力强，不怕父母责骂是个勇敢的人。所以，直到今天，遇到任何困难和挫折我都想试试再说，不轻易放弃。

其次，让男孩多表现自己的"男性气概"。男孩比女孩更需要广阔的生长空间，因此应该多让男孩子参加室外和群体活动。在这个过程中，父亲母亲、爷爷奶奶切勿过多关照，以免使他们变得依赖，并且要让男孩和女孩一块玩，这可以满足他们小小的责任感。同时也可以让他们多玩那些惊险而又保险系数很大的游戏，有助于培养男孩坚强的个性和冒险精神。

最后，合理引导男孩的"英雄情结"。男孩更喜欢那些可以打抱不平、伸张正义的英雄形象，比如提到超人、钢铁侠、变形金刚等，男孩常常流露出崇拜的表情。所以男孩们比较喜欢打打杀杀的游戏，他们会拿着各种父母看来危险万分的玩具，在小小的房间里面跑来跑去，在游戏中满足自己的"英雄情结"。因此，作为家长要告诉他们可能存在的危险，让他们自己在实践中进行探索。另外，也可以给他们安排一些诸如倒垃圾、擦地板的小任务，并告诉他们这些小任务也是帮助别人，也能体现自己的价值。父母要鼓励男孩去发现自我价值并实现它。在鼓励中，告诉他最有意义的是实现价值的过程，而不是最后的结果。

父母也要引导男孩多读一些关于勇敢的名人故事，比如古时候的西楚霸王项羽，比如卧薪尝胆的越王勾践，比如能忍胯下之辱的韩信。我们一起看一则外国男孩的勇敢故事：

18岁的约翰·汤姆森是一位美国高中学生，住在北达科他州的一个农场。他独自在父亲的农场里操作机器时，不慎在冰上滑倒了。他的衣袖绞在机器里，两只手臂被机器切断。汤姆森忍着剧痛跑了400米来到一座房子里。他用牙齿打开门栓，爬到了电话机旁边，但是无法拨电话号码。于是，他用嘴咬住一支铅笔，一下一下地拨动，终于拨通了他表兄的电话，他表兄马上通知了附近有关部门。

当救护人员赶到时，汤姆森被抬上担架。临行前，他冷静地告诉医生："不要忘了把我的手臂带上。"原来，为了不让血白白流走，他把断臂伸在了浴盆里。明尼阿波利斯州的一所医院为汤姆森进行了断肢再植手术。他住了一个半月的医院，便回到北达科他州的家里。当他能微微抬起手臂时，就已经回到学校上课了。他的家人和朋友都为他感到自豪。

汤姆森自救的行为说不上有多伟大，但这种勇敢坚定的品格却是所有男孩学习的榜样。很多时候，孩子并不像父母想象得那样弱小。只要父母激发男孩内心的勇气，给予他们足够的空间和表现的机会，每个男孩都会让父母感叹：原来儿子已经长成男子汉了！

生活中，人们常常称赞那些勇敢克服困难、临危不惧的男孩，家长们也都希望自己的孩子是个勇敢无惧的人，谁都不想让自己的儿子成为胆小怕事者。很多人认为只要坚强大胆、不畏艰险、迎难而上，就是勇敢，事实并非如此。很多时候，那些表面看起来勇敢大胆的行为，实则是鲁莽之举。我们在培养男孩勇敢的同时，要告诉孩子，真正的勇敢并不等于鲁莽，二者虽有共同之处，即胆量大，但勇敢者是冷静的，他能机智、细心地应对挑战，处理问题；鲁莽者则是胆大妄为，举止轻率，虽不惧艰险，却缺少思维和理智的判断，意气用事，最后只能事倍功半甚至使问题更严重。常言道：勇者有余、智慧不足就是一介莽夫。

老板招聘雇员，有三人应聘。老板对第一个应聘者说，楼道有个玻璃窗，你用拳头把它击碎。应聘者执行了，幸好那不是一块真玻璃，不然他的手就会严重受伤。老板又对第二个应聘者说，这里有一桶脏水，你把它泼到清洁工身上去。她此刻正在楼道拐角处那个小屋里休息。你不要说话，推开门泼到她身上就是了。这位应聘者提着脏水出去，找到那间小屋，推开门，果然看见一位女清洁工坐在那里。他也不说话，把脏水泼在她头上，回头就走，向老板交差。老板此时告诉他，坐在那里的不过是个蜡像。老板最后对第三个应聘者说，大厅里坐个胖子，你去狠狠击他两拳。这位应聘者说，对不起，我没有理由去击他；即便有理由，我也不能用击打的方法。我因此可能不会被您录用，但我也不执行您这样的命令。此时，老板宣布，第三位应聘者被聘用，理由是他是一个勇敢的人，也是一个理性的人。他有勇气不执行老板的荒唐的命令，当然也更有勇气不执行其他人的荒唐的命令了。

现在的社会分工使得男女界限变得非常模糊，原本男生扮演的角色被渐渐弱化。加上很多父母在培养男孩子方面也出现了女性化。比如从最初的起名开始，不是李蒙蒙，就是王贝贝这样呆萌有余阳刚不足的名字，就在潜意识弱化男孩子的男性性别。所以，社会上才出现很多"娘娘腔"，奶油小生，使得阳刚之气渐渐被阴柔之美代替。在我看来，男孩还是要有男子汉气概，要强化孩子的性别特征，才能使得孩子们价值观趋于正向。在培养男孩的日常生活中，具体可侧重以下几方面的培养和引导。

（1）鼓励男孩参加一些有挑战性的运动，不但可以起到锻炼身体的作用，还可以让孩子学会如何迎接挑战。过度保护自己的身体而带来的胆怯，比一些不严重的外伤更具有伤害性。

（2）世上很少有唾手可得的成功，要引导男孩学会应对挫折。父母要以身作则，给孩子树立不屈不挠、勇敢顽强的榜样。从让孩子获得成功的体验开始，避免让孩子做他无能为力的事情，鼓励孩子遇到困难时，自己想办法解决。

（3）男孩将来面临的是一个处处充满竞争的社会，所以父母现在不要心疼孩子吃苦。物竞天择、适者生存、优胜劣汰是一切生物存在的规律，孩子没有吃苦的精神和能力，将来就难以接受各种挑战，难以在激烈的竞争中获得胜利。

（4）培养男孩的意志力，因为面对障碍和艰难的每一个决定，都是依靠内心的力量做出的。意志力存在于自信心、自尊心、责任心、决心和好胜心以及接受挫折、坚持到底、乘胜追击的愉快体验里。

（5）让男孩玩。玩是孩子的天性，如果父母剥夺了孩子玩的权利，孩子的人格将会受到伤害。很多父母常常认为让孩子玩会影响他的学习，认为玩物必然丧志，其实不然，孩子在玩中大胆想象，勇于探索，更容易激发创造力和学习能力。

（6）对男孩进行自我保护训练。如随时随地教授孩子交通规则，让孩子记住必需的家庭地址和一些必需的电话号码等。

2. 懂付出才是福——感恩

爱因斯坦说过：请记住，人是为别人而生存的。我的精神生活和物质生活都依赖着别人的劳动，我必须以同样的分量来报偿我领受了的和正在领受的东西。这就告诉我们每个人，感恩是一种非常可贵又必需的品质。社会上流传着一种说法，养儿子等于给别人养，养闺女才更心疼父母。暂且不说这话是否失之偏颇，既然部分人有此认识，那么，对于男孩子来说，感恩心的培养更显得关键和重要。一个会感恩的男孩成长为男人一定是个肯付出的男人，对家是个孝顺父母的儿子，疼爱妻子的丈夫，对社会是个回报社会、造福社会的男子汉。

有没有遇到过这样的人：已经成家立业的男人依然需要父母的帮衬，并且认为这都是理所当然的。或者是父母为了孩子付出了一切，可孩子却依然不懂得心疼父母。有时候男孩不懂得心疼父母，不是因为父母付出的太少，而是恰恰因为父母对孩子付出过多。同样，孩子也不是天生的"白眼狼"，而是父母无限度给予的结果，是父母不懂培养孩子的感恩心，孩子才不懂付出是福的道理。

媒体报道，有一个在日本留学的男生，在日本留学五年，期间的生活费和学费都来自母亲每个月7000元的收入。他心安理得地享受着母亲给予的一切，从未想过自己24岁的大好年华，完全可以靠勤工俭学来替母亲分担。

最后一次，母亲四处举债，实在没钱给他了。他竟然对着前来接机的母亲连捅9刀。我们看到这样的案例作何感想呢？除了震惊我们要不要思考？一个对自己有生育之恩、养育之恩的人，他如何能下得了手？难道把你养到24岁了，你还不能独立吗？难道身为人母就活该养你一辈子？对自己的亲生母亲都缺乏宽容，痛下杀手，何况对别人呢？他还有一点宽容之心吗？所以，如果家长不想将孩子培养成"白眼狼"，那就千万不要替孩子做太多，要从小教导孩子懂得感恩。

目前感恩已经是我们社会中一种比较稀缺的品质，尤其是在孩子身上，这是一件令人忧虑的事情。现在的孩子由于得到了太多的宠爱，以至于他们把这种付出当作理所当然的，别人对他们的付出他们也觉得没什么稀奇，好像生来就该如此。其实，没有什么是生来就该如此的。我们生活在世上，享受蓝天绿树清风朗日是自然对我们的恩赐，能够长大与成熟是家人与师长对我们的付出，不断地进步与发展是社会的资源和财富提供的帮助，我们的生命都和别人的付出息息相关，所以我们也应为社会为他人付出。得到与付出促成了社会进步的良性循环，而成因是这循环的动力。

现在的孩子大部分是独生子，家长尤其是爷爷奶奶太过于溺爱，认为孩子小，好吃的留着，凡事替孩子包办，除了作业不代办，其余都是老将出马，甚至作业也是家长陪着做……一切都是无条件地给予，没有培养孩子的回报意识，从而养成了孩子对现在的条件不珍惜，只顾一味地索取不良习惯。这样的孩子，他们把一切所得都看作是理所当然的，当然不会想什么回报的问题，何来感恩之心呢？其实，有时候，孩子不懂得回报父母往往是因为父母没有给孩子机会来回报。在这方面父母需要培养孩子的感恩、回报意识。羊有跪乳之恩，乌鸦有反哺之恩，而孩子又应拿什么来报效父母所付出的无数艰辛呢？

一位父亲在看到儿子吃巧克力的时候，要求儿子分一点给他吃。儿子先是不同意，这位父亲就跟孩子讲道理。但是，儿子还是不同意，这位父亲就假装生气。看到父亲生气了，儿子只好分了一块给父亲。如果培养了孩子的感恩心，孩子就懂得自己的东西要和最亲最爱的父母分享。如果孩子在很小的时候学会这一点，长大就会理解父母的辛苦，就不会出现那么多啃老的儿子和父母没有太多钱为孩子买房，儿子埋怨父母的现象发生。

付出和感恩是社会上每个人都应该有的基本道德素质，是做人起码的修养，也是人之常情。对于助人者来说，可以不要求对方给予回报；但对于被助者来说，却要永远记住对方的好，常怀一颗感恩之心，在力所能及的情况下，用某种方式加以回报，即便对方并不需要，也应回报。身为父母，一定要让孩子感受到父母和他人对他的关心、对他的爱，并且要一点一滴地教他去回报别人。如：给爸爸妈妈一个拥抱；在他们累了的时候，给他们捶捶腿；渴了的时候，递一杯茶；工作了，要记得常回家看看，听听父母的唠叨。这些都是回报的方式。

关于感恩有一个不错的故事值得分享。

一个男孩生活非常贫困，但为了积攒学费他不得不一家又一家地推销着商品，但男孩的推销工作进行得很不顺利。到傍晚时，他已经累得筋疲力尽、饥饿难耐，他绝望地想放弃一切。最后，走投无路的他敲开一扇门，希望主人能给他一杯水。为他开门的是一位美丽的年轻女子。在他说明情况后，年轻女子微笑着递给了他一杯浓浓的热牛奶，男孩含着眼泪把它喝了下去。从此，男孩对人生重新鼓起了勇气。许多年后，他成了一位著名的外科大夫。一天，那位著名的外科大夫所在的医院接收了一位病情严重的妇女，大夫顺利地为妇女做完手术，救了她的生命。无意中，大夫知道了这位妇女就是很多年前给他那杯热牛奶，并让他因此鼓起生活勇气的人，于是，大夫准备为妇女做点什么。当那位妇女硬着头皮办理出院手续的时候，一直为昂贵的手术费发愁的她在手术费用单上看到了7个字——手术费：一杯牛奶。

培养孩子的"感恩"是让孩子真的生发出"感恩"的心来。我们说的"感恩"并不是礼貌或者客气，它是一种人生态度，它让一个人珍惜自己所有，并对此满足且充满感激。研究显示，"感恩"的人更容易感受到幸福，也不容易罹患忧郁症。别以为这只和成年人有关系，还有研究结果发现，懂得感恩的孩子在学校里的成绩会比较好。为了孩子的现在与未来，我们是否应该现在就开始着手教孩子感恩呢？虽然孩子需要很多时间来建立懂得感恩的人生态度，父母却可以从他们很小的时候就把这粒种子播种在他们心里。培养感恩的孩子，要做到：

首先，别给孩子太多东西。现代社会比较富足，我们的孩子比我们当年所拥有的多得多，而我们作为父母，在能力允许的范围内，总是想把最好的给孩子。这又是一个鼓励消费的时代，那么多孩子喜欢的东西，我们往往不等孩子开口，就先买回家去了。可是，当孩子拥有那么多玩具或衣服、食品之后，怎么可能会珍惜每一件呢？而当你再给他一件的时候，他自然会觉得理所当然，如何会懂得感恩呢？反而是如果这个假期你不给他买玩具了，他会觉得委屈不满，觉得你亏待他了。所以，我们作为父母，有责任控制我们给予孩子的物质品，孩子拥有的东西有限了，他才会珍惜，懂得珍惜了，才能感恩。

其次，父母要做一个感恩的人。父母永远是孩子的模仿对象，在这一点上也不例外，以身作则是最好的示范。尤其现在的父母大部分和老人在一起，老人帮着带孩子要心存感激，不要因为在育儿观念上不同与上一辈人发生争吵或矛盾，当媳妇的要心存感恩之心对待公婆，没有他们就没有自己的丈夫；当女婿的要用感恩之心对待岳父岳母，是他们培养了一个好女儿来当你的妻子和你孩子的妈。充满感恩的心态生活，家才会和谐温暖，这样的氛围孩子在看着也在感受着，父母是一个感恩的人，很大机会他也会成为这样的人。

3. 能约束自己才强大——自律

自律是一个人最重要的品质之一，是克制人的劣根性最有效的办法。不能自律的人，迟早是要失败的。很多人成功过，但是昙花一现，根本原因就在于他缺乏自律，忘记了自律。自律是我们平时工作、学习和生活中不可缺少的。很多事实都能说明这个道理，比如上公交车要排队；开车要遵守交通规则；甚至我们平时的一举一动都受到一定的要求和约束，否则任何事情都毫无秩序可言。而我们的孩子，处在社会过渡时期，更是有数不清的纪律和规则来要求他们，告诉他们该怎么做不该怎么做。而在我看来，规则是别人给定的，而自律是自己给自己定的。如果一个时时处处做到自律的人，内心就强大，而且也不会做出逾矩的行为。自律能力来自责任感，一个人的自律有多大，就能看到他能扛多大的事。没有肩膀、没有责任感的男孩子是家庭的灾难，也是整个社会的灾难。一群没有长大的 30 岁、40 岁、50 岁，甚至 60 岁的"男孩子"，动不动就离婚、动不动就发火、动不动就离家出走、动不动就上网不回家，大部分都是因为没有自律品格。

任何一个人，身上都存在着一种天生的劣根性，懒惰、拖拉、给自己寻找借口、推脱，等等。一个人如果不能克服这些劣根性，那么将很可能终身一事无成。而克服这些劣根性的唯一办法，就是要具备自律的心态。比如，别人在看电视的时候，你能否去工作？别人在娱乐的时候，你能否去学习？别人在睡觉的时候，你能不能早点起来？这一切，都需要有很强的自律才能做到。对于男孩来说，一个缺乏自律的人，在学习上也同样会给自己一些拖拉的借口：时间还早，再玩一会儿。就这样一次次地"再玩一会儿"，最终把学习的时间全部用来玩了，我们对学生的这种偷懒行为往往会说他们是"平时不努力，考试干着急"，其实这句话不仅适合学生，对任何人都适合。古人说"书到用时方恨少"，一个不能自律的人，往往会到需要的时候，才后悔自己平时没有抓紧时间学习，浪费了许多大好的时光，虽然为此后悔不已，却也已经无济于事了。

事实上，自律是人生的一种快乐。当一个人具备了自律的时候，就会把精力与时间通过自律而用于积极有益的事情之上。比如学习，当你天生的劣根性暗示你可以偷懒一会儿的时候，你的自律会马上打消这样的念头，让自己投入到学习中去。你这样做了，就不会再因为没有得到充分的学习而在遇到事情的时候因为知识不足而尴尬，就像冬季的早晨，当你的懒惰情绪让你再躺一会儿的时候，你的自律却让你掀开被子，爬出温暖的被窝，那么你就不会因为匆忙而后悔，相反，你会因为时间充足而显得轻松愉快。自律也是一种高尚的品格。在一个地方不被允许做的事情，你能不做。比如，红灯亮时你能不闯；无监控的超市，你能正常付款而不惦记着偷拿；无人售票的情况下，你能照章投币，而不想着逃票。这些都是自律起的作用。

詹姆斯·兰费蒂斯是美国的一位著名的建筑师，十一岁的詹姆斯和他的家人住在湖心的一个小岛上。这里，房前的船坞是个钓鱼的好地方，父亲是个钓鱼高手，小詹姆斯从不愿放过任何一次跟父亲一起钓鱼的机会。那一天正是钓翻车鱼的好时机，而从第二天凌晨起就可以钓鲈鱼了。傍晚，詹姆斯和父亲在鱼钩上挂上蠕虫——翻车鱼最喜欢的美食。詹姆斯熟练地将鱼钩甩向落日映照下的平静湖面。

月亮渐渐地爬出来，银色的水面不断地泛起静静的波纹……突然，詹姆斯的鱼竿猛地被拉弯了，他马上意识到那是个大家伙。他吸了一口气使自己镇静下来，开始慢慢地遛那个大家伙。父亲一声不响，只是时不时地扭过脸来看一眼儿子，眼光里是欣赏和赞许。

两个小时过去了，大家伙终于被詹姆斯遛得筋疲力尽了，詹姆斯开始慢慢地收钩。那个大家伙一点点地露出水面。詹姆斯的眼珠都瞪圆了：我的天哪，足有 10 千克！这是他见到过的最大的鱼。詹姆斯尽力压抑住紧张和激动的心情，仔细地观看自己的战利品，他发现，这不是翻车鱼，而是一条大鲈鱼！

父子俩对视了一下，又低头看着这条大鱼。在暗绿色的草地上，大鱼用力地翻动着闪闪发亮的身体，鱼鳃不停地上下扇动。父亲划着一根火柴照了一下手表，是晚上十点钟，离允许钓鲈鱼的时间还差两小时！

"爸爸！"詹姆斯大叫起来。父亲看了看大鱼，又看了看儿子，说："孩子，你得把它放回水里去。"

"你还会钓到别的鱼的。"

"可哪儿能钓到这么大的鱼呀！"儿子大声抗议。

詹姆斯向四周望去，月光下，没有一个垂钓者，也没有一条船，当然也就没有一个人会知道这件事。他又一次回头看着父亲。

父亲再没有说话。詹姆斯知道没有商量的余地了，他使劲地闭上眼睛，脑中一片空白。他深深地吸了一口气，睁开了眼睛，弯下腰，小心翼翼地把鱼钩从那大鱼的嘴上摘下来，双手捧起这条沉甸甸的还在不停扭动着的大鱼，吃力地把它放入水中。

那条大鱼的身体在水中嗖地一摆就消失了。詹姆斯的心中十分难过。

这是三十四年前的事了。今天的詹姆斯已经是纽约市一个成功的建筑设计师，他父亲的小屋还在那湖心小岛上，詹姆斯时常带着他的儿女们去那里钓鱼。

詹姆斯确实再也没有钓到过那么大的鱼，但是那条大鱼却经常会出现在他的眼前——当遇到道德的问题时，这条大鱼就会出现在他的眼前。

正像他的父亲教诲他的那样，道德问题虽然只是一个简单的正确或错误的问题，但是实施起来却有一定的难度，特别是当你面对着很大的诱惑的时候。如果没有人看见你行为的时候，你能坚持正确吗？在时间紧急的情况上，你会不会闯红灯或是逆行？在没有任何人知道的情况下，你是否会把不属于自己的东西据为己有？

这件事在詹姆斯的记忆中永远是那样清晰，他为自己的父亲而骄傲，也为自己骄傲，他还可以骄傲地把这件事告诉他的朋友们和他的子孙后代。

在工作与生活中，我们常羡慕，某人非常自律，能控制自己的欲望，所以他获得了非凡的成就。我们也常抱怨，自己的孩子太没有自控力了，每天总是要父母无数次叮嘱才会去完成作业，长大以后怎么办？有什么办法能增强孩子的自律呢？如果孩子能拥有更多的自律，是不是会更有利于他的学业与生活？有的父母自己也常苦恼，有很多很好的想法，总是没有去完成，就连最简单的睡觉起床也常常不能自控，经常晚上不想睡，早上不想起来。怎么办？经心理学家研究发现，一个人达到自我控制是很难的，尤其是孩子。十岁之前的孩子，不可能指望他拥有多强大的自控能力，那不现实，但可以培养他的习惯。家庭，夫妻之间的关系维持，也需要保持良好的习惯，因为激情总有一天会退去。可以定期去外面聚一次餐，去进行一次旅行。工作更是如此，我曾经上课碰到一个当爸爸的，他来上亲子课。是个销售能力特别强的业务人员，他本人的学历并不是很高，但他在他们单位是销售业绩最好的。在上完我的课程后，他来找我说，陈老师，你今天谈到的关于孩子自控力的培养，跟我工作中的自控力与习惯相同，我有自己的体会。他说，他每天下班之前，一定会总结一下今天的业务得失，包括打电话、查资料、见客户等。他说，我已经写了三年总结了，感觉给自己的帮助挺大。这就是习惯的力量。有了这种力量，自律能力自然而然就能提高。对于男孩子自律能力的培养，我们不能强迫他去做一件他不想做的事情，比如寒冷的冬天从暖和的被窝里起来，比如眼看着没有车辆通过不让他闯红灯，比如不让他看电视逼着他去写作业。这样强迫，他不会自律，而培养孩子养成一种习惯，慢慢就会形成自律性。

下面这些步骤，可以训练男孩的意志力从而渐渐达到培养其自律的目的：

（1）做一些不想做的事情，比如总是拖延不做的事情、洗冷水浴、倒垃圾、家务活等，坚持有规律地做这些事情。

（2）放弃自己喜欢做的某些事情，比如不看喜爱的电视节目、放弃吃零食或甜食、改掉一个坏习惯等。

（3）为自己定一个明确的目标，比如每天早起完成一项任务、每天锻炼、每天读一本书等。

（4）做些困难的事情，把目标设定得比较难一些，但又并非是遥不可及的。

教会男孩自律是困难的，需要父母付出很大努力。男孩学习的最佳方式是照着榜样去学习，而不是通过说教。因此，教会孩子自律，需要父母也要自律。迁就孩子的每一种渴望对孩子是有害的，但这并不意味着你必须严厉或气势汹汹的，而是你必须对孩子经常说"不"。男孩尤其需要设定牢固的规矩，他需要知道规矩何在，需要知道人们对他的期望是什么，知道这些，会使他心里感到踏实。一些母亲由于没能给孩子提供良好的成长环境而心生愧疚，因而很难拒绝孩子的要求；对于如今的一些家长而言，督促孩子养成自律的习惯让一些父母亲感到像是在虐待儿童。但事实是，你教会孩子拥有越强的自律能力，对孩子日后的人生便会越加幸福和健康。

培养女孩的三大核心方向

1. 女人的第二生命——自尊自爱

培养女孩，如同看着一个小小的毛毛虫一天天蜕变成美丽的蝴蝶，如同看着一枚小小的花苞在某天美丽绽放。父母既感到欣喜，又不免担心。怎样把女孩子培养得既成熟自立又能自尊自爱，这是一个非常重要的命题。少年儿童时期是一个人的道德品质乃至人格个性培养形成的关键时期，女孩的思想并不成熟，很容易受到外界的干扰和影响。她的思想和行为走向对今后的人生有着至关重要的影响。父母一定要正确引导女孩的思想，让女孩正确认识自己，爱惜自己，做一个自尊自爱的好女孩。

人先自尊自爱而后人尊之爱之，自尊自爱是健康人格的基石，是一种对自己人格的重视和肯定的情感。女孩自尊自爱就是尊重自己，爱护自己，从身体、仪表到行为、心灵，维护自己作为一个人的尊严，更要有做女孩的尊严。只有自尊自爱的女孩才可爱，只有自爱的人才能赢得别人的关爱。

在公共场所我们经常会看到有些青春靓丽的女孩一点都不顾及别人的眼光，旁若无人地和比她们年龄看起来至少大一倍的男人无所顾忌地亲吻拥抱，为了金钱而傍大款、做小三，即使生活在别人鄙夷的眼光下也不觉羞耻。而中小学生早恋，女孩禁不住诱惑偷尝禁果，以致怀孕堕胎，把孩子生在厕所现在已经算不上新闻了；很多女孩因为无知、害怕，发现怀孕了也不敢跟父母说，于是偷偷找个无证行医的黑诊所去做手术，甚至直接买来堕胎药一吃了事，结果造成终生不孕甚至命丧手术台的事例也不罕见了……这些女孩不懂得尊重自己，不懂得爱惜自己，又怎能得到别人的尊重和爱惜呢？只会使家人蒙羞，亲人痛苦，最终自己也遗憾终生。

　　女孩自尊自爱的典型当数《简·爱》中的女人公简·爱形象。我作为男性，一直认为漂亮的女人有的是，女人要有内涵才美。我觉得简·爱就是这样一位女子，朴素至极，相貌普通至极，但是满腹经纶，才华卓著。最主要的是还有她的矜持。罗切斯特先生早就看穿简·爱对他的仰慕，几次耍手段并设想要她主动表白，可是简·爱懂得自尊，更懂得谦卑，她与罗切斯特的悬殊地位让她无法产生非分之想。埋在心底的崇拜会隐隐作痛，但是她懂得以退为进，谦让身边的每一位贵族小姐，谦卑地摆正自己的位置。简·爱对爱情的克制，让我看到女性征服人类的潜在可能。男人往往喜欢娥皇、女英，女人往往为感情奋不顾身，我很佩服可以挣脱专一、痴迷爱情的女人，她们身上有着反天性的资质，人类如果可以克制天性，世界发展的轮回将最终回归庄子的"天地有大美而不言，四时有明法而不议，万物有成理而不说"的原始境界。简·爱因为自尊自爱才有了后面的独立，不论情感还是经济。那个社会女子靠自己教书生存的微乎其微，都躲在男人的怀抱里要么柴米油盐，要么锦衣玉食。简·爱和学生们生活在一起，微薄的收入，冷清的独立。一个内心充满物质的人是无法拥有知识的。简·爱的表哥约翰对她评价："你是我见过的最有耐心去学东西的人，最安静的人，最有智慧的人。"

　　虽然简·爱是作家塑造的文学形象，但无疑成为培养女孩的榜样和参照。女孩子不论出身，不论地位，不论外表，自尊自爱的女孩自身就会带着光辉。科学研究表明，女孩子的高度自尊心，源于父母对她们的真正关心和尊重。鼓励孩子自尊自爱，要先从衣着打扮入手。经常帮孩子梳洗干净，穿戴整齐，使孩子看上去生气勃勃，精神抖擞。要使孩子无论是在什么地方，对自己的仪表神态和行为举止都感到很自在，很有信心。如果孩子能保持手脸干净，衣着整齐漂亮，行为庄重大方，父母要及时表扬，使孩子受到鼓励后有信心坚持下去。父母在自己的容颜仪表和衣着打扮方面也要特别讲究和重视，以求给孩子树立一个榜样。

在穿衣打扮方面父母一定要有理智地教育孩子，当你从小只重视孩子的外在美，就会害了孩子一辈子。我们看到现在很多父母生了个女儿，像公主一样，把她打扮得漂漂亮亮，而这个漂漂亮亮是谁的标准？如果为了迎合社会的审美标准，那么时尚和另类就是美，我们经常看到大夏天女孩子穿得少之又少，前面露肚后面露背。小孩从小就穿这种衣服，她就习惯了。孩子假如觉得穿少是漂亮，她已经让别人不尊重她了。而且又让她只注重外表，她人生大半时间不是培养内在美，不是提升她的智慧，是常常拿着镜子照自己。她可能因为衣着，让她的人生陷于很多危险的地步，引来很多异性的窥欲，我们都没有看到后面的流弊问题。

所以父母对美的观点会影响小孩。而现在小孩觉得什么是美？名牌就是美，当她觉得名牌就是美，她这一生很有可能变成物质的奴隶，每一天只为了要赚钱买东西，人生将会非常贫乏。假如她觉得要有名牌才能显现我的美，要有好的身材才能显现自己的美，她就会去整容，是不是？这个脸一整，不整还好，我们说道法自然，这么一整，虽然看起来好像合那个标准，鼻子是鼻子，嘴巴是嘴巴，结果笑起来，一点都不自然，笑起来会让人家觉得她那个皮是去拉的。我们看过很多这种公众人物，一看美，但感觉全身不自在。所以有人为了用衣服，为了用脸蛋，赢得别人对她的重视，别人对她的尊重，把时间耗在这些虚妄、虚浮、虚华、虚荣的东西上，所以她的内心越来越空虚。

所以，无论是小说中塑造的，还是诗章里描述的天真活泼的少女，贤淑温柔的妻子，淳朴善良的母亲……这些被无数诗篇赞美过的女性，只有从小培养自尊自爱才能有。在人们的心中，女性是纯洁、无私和伟大的，女性是人类之爱的最高体现。人们都说女性是最尊重自己的人格尊严的，尤其是中国的女性。苏霍姆林斯基曾经说过："儿童在认识周围世界的同时，应当认识自己，应当充满一种深刻的自我肯定的感情。自我肯定是自我教育之母。自尊感是一个人的荣誉感、名誉感、健康的自爱心的最强大的源泉之一。你必须教会儿童进行脑力劳动，教会他们思考、观察、理解，从脑力劳动的成果中感觉出自己的精神力量。"这就要求父母，把教育和培养女孩子自尊自爱放在首位。女孩的自尊自爱是需要父母细心地呵护和培养的。

父母的教育方式对女孩的自尊心有重要的影响。当女孩年龄还很小，自尊心正在形成和发展阶段，特别容易受到外界的影响。父母是女孩的第一任教师，女孩自尊心的形成与父母的教育有着密切的关系，父母一句批评的话语或是一句鼓励的话都很可能会被女孩牢记，父母在她们的心目中有很高的权威性，这对女孩自尊心的发展来说有着较高的影响。

首先，要把女孩当成独立的主体，不要过多地命令女孩，要让女孩在平等中建立自尊。

很多父母觉得女儿是自己的，可以随心所欲地教育，喜欢用命令的口吻跟女儿讲话。其实，女儿不是父母的私有财产，她是一个独立的主体。因此，不要用命令的口吻跟孩子讲话，更不要用成人的标准苛刻地要求孩子，而应该鼓励她大胆地发表自己的见解，勇敢地与成人争辩是非。如果大人真的错了，也要勇于承认错误，让女孩感到自己是被尊重的，懂得以己推人，学会尊重别人。父母们需要注意的是：即使女儿的发展与你们为她设计的目标不一致，或者她的表现令你们难以认同，你们也应该尊重她的个性。你们可以关心她，但是不要什么都替她做主，而是应该鼓励她独立思考，自己去探索。只要让她知道你们很关心她，并且愿意随时为她提供帮助就好。

其次，不要对女孩进行心罚。相对于体罚，心罚更容易摧毁女孩的自尊心。

许多父母知道不能体罚女孩，因为这样会伤害女孩的自尊心，但是他们却不知道，心罚对女孩自尊心的伤害更大。

我们经常会听到一些父母对自己的女儿训斥、讥讽、嘲笑。其实，这些都是在对女孩进行心罚，对孩子心灵的伤害程度是无法估测的。

女孩的自尊心需要父母的呵护，即使她的表现令你们很不满意，也不要挖苦、讽刺她，因为哪怕是一个词语使用错误都可能让女孩对自己的认识发生改变。不管你们的出发点是多么的好，理由是多么的充分，但是效果往往与你们的目的背道而驰。用尖刻的语言讽刺、奚落、挖苦孩子，表面上看来是比体罚更"文明"，但是这样做所带来的伤害要比体罚大得多。

最后，多让女孩接触或学习一些名人故事中的自尊自爱自强的女性形象。比如张海迪，比如杨澜，比如简·爱，比如居里夫人等，从这些名人身上让孩子形成一套属于自己的价值体系。女孩无论是事业有成的还是事业不成功的，无论是身体健康的还是不健康的，只要内心具备了自尊自爱的品格，将是女孩一辈子受用不尽的财富。

2. 最具修养的表现——端庄优雅

无论社会怎么变迁，我依然推崇别让女孩子成为女汉子，还是要培养女孩该有的样子。而这个女孩子的样子，毫无疑问，端庄优雅要排在第一位。

举止优雅的女孩子，待人接物彬彬有礼、不卑不亢；

举止优雅的女孩子，餐桌上行为得体；

举止优雅的女孩子，不和父母顶嘴，不打断别人说话；

举止优雅的女孩子，随时随地体贴照顾他人，尊敬和关心他人；

举止优雅的女孩子，能得到更多的青睐和尊重；

举止优雅的女孩子，将来能把这种气质带给一个家。

举止优雅带给女孩子的好处实在是太多了，它不仅赋予了女孩柔性、大气、得体之美，更为女孩成长为小淑女奠定了最强有力的基础。进入成人世界的我们更是深深明白，举止优雅将会为长大后的女孩子带来怎样的无穷魅力。我们常听人评价女孩有气质，举手投足很优雅，其实，一个人的气质是指一个人内在涵养或修养的外在体现。气质是内在的不自觉地外露，而不仅是表面功夫。如果胸无点墨，那任凭用再华丽的衣服装饰，这人也是毫无气质可言的，反而给别人肤浅的感觉。所以，如果想要提升一个人的气质，做到气质出众，除了穿着得体、说话有分寸之外，就要不断提高自己的知识、品德修养，不断丰富自己。对于父母来说，培养女孩就要在气质上下功夫，既要做到培养孩子外在的端庄优雅，又要培养内在的涵养和修养。优雅大方、自然的气质会给人一种舒适、亲切、随和的感觉。气质不是学来的，而是培养出来的。

如今的社会，攀比成风、拜金主义盛行，已经让孩子们的思想受到了不良影响。而具体到个人身上，如今的孩子更自我也更自私，举止不当、言语粗鲁的现象非常普遍。所有的这一切，都与"祖国花朵""民族未来"等字眼相违背。女孩在小学阶段就敢跟男孩勾肩搭背，在中学阶段就能和男孩站在一起抽烟吞云吐雾，甚至去酒吧喝得烂醉，丑态百出，这些就跟优雅相去太远了。

在家长课上，有个家长忧心忡忡跟我说，她家的小公主简直就是个小土匪，不但玩起来像男孩子一样疯，穿衣服也一样，不管脏不怕破，哪儿都敢去。虽说女孩胆子大也是一个好处，但女孩不像女孩让父母有些担忧。如果一个女孩，处处尽显如男孩一般的阳刚之气，像男孩一样好动、淘气，这的确是让父母感到头疼的一件事情。如果父母顺其自然，那孩子势必会变得日益失去女孩子的风范，毫无优雅可言；如果父母严加管束，又极有可能会扼杀孩子的天性。对于女孩子的培养不但任务更重，而且更关键。因为有人说过，未来的竞争是母亲的竞争。而一个女孩的终极未来就是能否当好一个母亲，去传承和教育下一代人，影响下一代人，进而影响一个家庭，影响社会。

教育家张伯苓先生对于孩子的培养曾经提出了"学行合一"的观点。所谓"学与行"问题，实际上就是"知识"与"修养"的问题。孰重孰轻，或者两者能否并重，实际上涉及的是教育的价值取向问题。也就是说，作为一种有意识地以影响人的身心发展为直接目标的社会实践活动，教育应该教养什么样的人。我以为，对于女孩的培养，一定是修养的提高。而对于教育工作者和父母来说，教会孩子做人比教会他们知识更重要。

说到"端庄优雅"，我的脑海里立刻浮现出两个人，一个是奥黛丽·赫本，另一个是张曼玉。前者总是被视为世界上最高雅、最有品位的女人。世界著名时装大师休伯特·纪梵希经常开玩笑说："赫本即使只是披着一个装土豆的口袋，也能够显露出高雅的气质。"而后者在《花样年华》中，只用一个背影就将中国女性含蓄的优雅演绎到了极致。曾经有人说过："看一个人是否优雅，要看背影。"因为优雅不同于美丽，不同于华贵，它是一种从骨子里、从灵魂中散发出来的气质。赫本的儿子肖恩在其回忆录《天使在人间》中，道出母亲优雅的秘诀："高雅源自于内心的价值观，这并不是刻意营造出来的，而是由于谦逊品德的自然流露。"奥黛丽·赫本在遗言中写道："若要有优美的嘴唇，要讲亲切的话；若要有可爱的眼睛，要看到别人的好处；若要有苗条的身材，要把食物分给饥饿的人；若要有美丽的头发，让小孩子一天抚摸一次你的头发；若要有优美的姿态，要记住走路时行人不止你一个。"赫本能写出如此经典的遗言，与她苦难的童年、与她的生活经历、与她的品质、与她晚年在联合国儿童基金会所做的慈善工作是密不可分的。正是她纯净的心灵和慈爱的品性让她的艺术臻于完美，她的优雅缘于她的品格与胸怀，源于她的内在精神。张曼玉被人称为"铂金女人"，形容她身上有一种洒脱的稀有品质。其实张曼玉也很平凡，平凡到可以像任何一个普通女人那样，为了自己心爱的人去挤地铁、逛超市。她甘于平凡、安于淡泊，因为她有一颗始终相信爱情、重视感情的平常心，让她能够浪漫地优雅，洒脱地高贵。

在我们周围，也不乏美女，但我们常常看到的一些美女，尽管皮肤白皙、容貌娟秀，可谈吐低俗充满了妒忌，扭曲了原来的脸庞；有的喋喋不休，愤懑使她瞳孔收缩，看上去凶相毕露，让人感觉她的美貌因心态失衡而变得丑陋；甚至还有报道女子用纤细的高跟鞋踩死一只可怜的流浪猫。所以，这些空有皮相的美女因为做出来不太雅的动作或说出粗鲁的话使美非美，转而为丑。

所以，在培养女孩子修养方面，父母要做到以下几点：

第一，正确引导有男孩特质的女孩。

现在独生子女家庭颇多，如果只是一个女儿，有一些父母就不经意间想让女孩儿更有担当，更努力变得刚强和坚毅，一旦引导不好，很容易使女孩子走偏，变得有些"女汉子"，行为和举止上就会显得向男孩靠拢。尤其是社会竞争激烈，一些原本女士不能胜任的工作岗位，也出现了男女平等，女孩从小被父母灌输了很多的竞争意识，从而不再偏重个人素养和女性柔美方面的培养，更多的是在孩子内心植入了竞争、攀比。在我的学员里，有一个妈妈，因为跟丈夫不和导致离婚，独自抚养女儿，一气之下把女儿的名字从刘娜改为刘强，并且告诉女儿，男人没有一个好东西，你要完全靠自己。努力把自己打造成像男人一样刚强，将来不需要嫁人，自己生活也能过得更好。这个案例虽然极端，但一定也有类似的家庭，因为讨厌丈夫或跟丈夫感情不和，让女孩子过早树立对男人的讨厌或恨，从而立志要把自己打造成不需要男人的钢铁侠。这就是父母引导的问题。离婚和感情不和的家庭很多，但并不能或不应该去妨碍孩子的成长和性别认同。而是要从另一个更人性化的角度引导孩子，多培养女孩的女性特质，化柔美为力量。

第二，妈妈要做优雅的好榜样。

女孩子是妈妈的一面镜子，所以，培养淑女，更需要妈妈言传身教。一位妈妈在课上跟我们分享：

别以为小孩什么事情都不懂，她可都看在眼里呢。有一次她冲我发脾气，我就说她，"小姑娘不可以这么大声说话"，结果就听到她小声嘟囔："妈妈和爸爸不开心的时候也是这么大声说话的。"

听到女儿这么说，从那以后，我尽量克制自己的急性子，暗自发誓要给她树立一个优雅妈妈的好榜样。

无数事实证明，母亲的一言一行对女儿的影响是巨大的。如果母亲说话大嗓门，那女儿讲话也必然不能细声细语；妈妈行为无所顾忌，女儿自然也会大大咧咧……所以要想培养出真正的优雅女孩，妈妈必须先做优雅女人。相信用不了多久，你就会在自己女儿的眉宇之间，看到自己优雅言行的影子。

第三，告诉孩子举止优雅的标准。

优雅举止是有一定标准的。在日常生活中，女孩的父母们不妨参照以下标准，对孩子提出合理正确的要求。

（1）仪容仪表

仪容仪表的整洁对女孩子来说非常重要，父母应对女儿做出如下几点要求：要把脸、脖子、手都洗得干干净净；勤剪指甲勤洗头；早晚刷牙，饭后漱口，注意口腔卫生；经常洗澡，保证身体没有异味；衣着要干净、整洁、合体。

（2）行为举止

父母应对女孩子的站、坐、行以及神态、动作等方面提出一些明确的要求。例如，优美的站立姿势要求身体直立、挺胸收腹、脚尖稍向外呈V字形；

要避免无精打采、耸肩、塌腰，千万不能半躺半坐；走路要昂首挺胸，肩膀自然摆动，步速适中等。

（3）表情神态

父母要教育女儿，与人交往要表现出对他人的尊重、理解和善意，要面带自然微笑，千万不要出现随便剔牙、掏耳、挖鼻、搔痒、抠脚等不良习惯动作。

（4）言谈措辞

父母要让女儿养成使用文明礼貌用语的好习惯，如经常说"您好、谢谢、请、对不起、没关系"等。父母还应告诉女儿，沉默寡言、啰唆重复，都是不正确的语言表达方式。

需要注意的是，父母向孩子讲解优雅举止的标准时，不要用教训、命令的口吻，而是要循循善诱、谆谆教导。当优雅举止成为孩子一种不自觉的习惯，孩子卓尔不凡的气质也就形成了。

第四，父母要多提示和表扬女孩。

孩子的一些错误行为往往出于考虑少，而不是有意冒犯。因此，如果父母此时严厉斥责、制定规矩，往往会使孩子产生反感和抵触情绪。

因此，想让孩子变得举止优雅，最好的方式就是——提示和表扬。

第五，修养建立在知识上。

修养和知识是共同促进的。缺乏修养的人心地狭隘，受不得半点委屈，一不如意，就有发不完的牢骚怨气，和别人处不好，自己心情也不舒畅。所以，今天有这样好的条件读书、学习，应该珍惜。学得多，是自己的财富；学得少，是自己的损失，也是一个孩子在放弃使自己变得美、变得有魅力的机会。爱读书的女孩子有一种特殊的魅力。在读书的过程中感受文字的美、意境的美，读的同时，会让你思索、想象，让你有思想，有深度。当然，读书要有选择，要读好书。有这么一个比喻，说人就像一个袋子，空袋子是立不起来的，只会瘫在地上；装满东西，才会站得稳当；但如果里面装的是脏东西，它就会腐烂掉。所以，女孩子要用知识来修饰自己的内在气质。

3. 匹配高品质人生——贵气大方

如果说女孩温柔是一种品质，优雅是一种气质的话，我认为女孩还要具备第三种特质就是：大气。就像记者采访范冰冰，问她有没有打算嫁给豪门，范冰冰答"我不用嫁给豪门，我就是豪门"，这也是人们把范冰冰一个柔弱的小女子称为"范爷"的原因。

人们总习惯把男人与"大"联系在一起，如大男子、大丈夫，男人应大度、大方、有大手笔。而女人呢，则以小女子自居，这其实是对女人的一种偏见。男人是天，有天一样壮阔的境界；女人是地，有地一样宽广的胸怀。天有多高，地就有多深。相辅相成，相映成趣。要培养一个女孩成为未来优秀的女人，首先应该培养女孩子的大气。漂亮不再是女人最为璀璨的唯一，而真正的美丽源于女人的睿智和大气，睿智和大气体现于识大体，而识大体，是用一颗包容的心来善待身边的人和事。

在电影《春光曲》中有这样一个故事：施特劳斯是个伟大的作曲家。在他成名之前是个工人，他的未婚妻是一个纺纱女工，挣钱给施特劳斯组成一个小乐队在酒吧中来实现自己的梦想。有一天施特劳斯在伴奏的时候被伯爵夫人听到，伯爵夫人很喜欢歌唱，她是位小有名气的歌唱家，她非常欣赏施特劳斯，认定这个小伙子一定能成名，并且愿意帮助施特劳斯去实现自己的梦想。有一天施特劳斯在伯爵家里演出到晚上一点多，当施特劳斯从伯爵家里出来的时候，发现在大雪纷飞的夜色中他的女友正站在雪地中等他，施特劳斯非常感动地说：明天我们结婚。转眼施特劳斯成名了，成为了一个很有名气的作曲家。他给伯爵夫人伴奏，而且两个人商量着一次演出完了以后就私奔。施特劳斯妻子听说了以后，把自己打扮得非常漂亮，来到了后台，施特劳斯和伯爵夫人正收拾行装准备私奔。伯爵夫人看到施特劳斯的妻子到来，对施特劳斯的妻子吼道："你来了也没用，你和他不般配，你一个纺纱工人争不过我。"一个泼妇的形象，伯爵夫人完全没有了贵妇人的矜持，可是施特劳斯的妻子却眼含热泪说："我是来送送你们，并委托你一件事，好好地照顾他，他不属于我，也不属于你，他是属于音乐和大家的。"这种大气一下子就把伯爵夫人的心理防线击毁了，最后施特劳斯送走了伯爵夫人。施特劳斯妻子的这种包容就是一种大善、大智慧，也是一种力量，这是一种大气与贵气修炼出来的从容。

所以，贵气大方的女孩，不是女汉子。而是骨子里的一种自尊与自强不息。这种大气的养成，在日后能包容成功、失败、朋友甚至敌人。大气是豁达人生，大气是坦然处事。大气的女孩一定有傲骨，有傲气。大气的女人一定胸襟开阔，雷厉风行。

作为父母要有意识地培养女孩的这一特质，使女孩子不会因为未来人生的不可预知而心生恐惧，做到生活坦然，不惧风雨。

从前看过一个真实的报道，一个上中学的小女孩，每天上课下课都非常匆忙，老师不知道她为什么总显得那么着急。有一次家访才发现原因。原来孩子跟母亲相依为命，母亲是个残疾人，每天早晨她先给母亲做好饭，倒了便盆儿自己才去上学。中午放了学赶紧回家给母亲做饭，晚上还要给母亲擦洗身子，洗脚。就是这样的一个女孩，从来没有一次成绩不好。老师家访后被这个孩子感动，主动替她申请学校减免一切学杂费。而孩子跟母亲商量后拒绝了，她的理由是，比她难的孩子还有很多，得到照顾的机会应该让给别人。她有一双手，母亲虽残疾还有政府补贴，已经足够生活。而且她还利用周末上山挖药材换钱贴补家用。更让人感动的是，这个女孩功课门门都在前三，从中学到高中一直照顾残疾母亲，等到高考结束，她以非常高的分数被一家名校录取。录取报名当天，她背着母亲去现场，人们都很不解，女孩说，我要背着母亲上大学。我走到哪里，母亲就要到哪里。这个女孩的事迹经过报道感动了很多人。而这个内心淡定、大气的女孩子，大学没有毕业已经被很多五百强企业争相内定。众多企业负责人都看到了这个女孩身体里蕴藏的巨大能量。

现在家庭的格局变化，每个家庭只有一两个孩子。对于女孩子的培养，大多数父母都不愿意让孩子吃苦，更是把女孩子当成了掌上明珠，含怕化，捧怕摔，一点点委屈都受不得。使得女孩子太过娇弱，经不得风雨和挫折。怎么可能练成大器和淡定的气质？还有很多案例，追星的女孩因为没有看到偶像，一气之下自杀。跟男朋友谈恋爱，失恋了痛苦得走不出来，甚至还有很小的孩子，学习压力大不敢说，选择离家出走。这样的孩子内心太过脆弱，经不得一点点打击，所以培养女孩子的从容与大气显得尤为重要。

培养女孩的大气，家长要从三个方面加以重视：

第一，家长在给孩子做榜样方面，对人要宽容，不要斤斤计较。待人豁达大度、胸怀宽广，这是一个人具有良好修养的外在表现。家长先做到大气，才能给孩子以榜样的力量，然后孩子看在眼里就会模仿。

第二，家长在处理事情上，要超脱，不要深陷其中。人的一生，碰到的事太多了。几乎眼睛一闭，一睁，碰到的都是事。猝不及防的打击，始料未及的挫折，从天而降的好处，唾手可得的利益，随时发生。事无论大小，不管好坏，都不要太在意，不要太当回事儿。切莫一见好事就喜形于色，乐颠颠兴奋得不得了，一遇坏事就愁眉苦脸，霜打茄子一样蔫头耷脑。遇事不敢担当，怎么能成大器？家长不敢担当，孩子怎么可能学会处变不惊的本事。

第三，在对待自己的态度上，要豁达，不要小肚鸡肠。一个人，生活在现实社会中，吃亏啦，受委屈啦，想不通啦，这都是常有的事。同事出言不逊轻慢了你，单位办事不公伤害了你，领导举止言谈没给你面子，这都算不得什么，都要豁达以对、淡然处之。倘若整天围着自己那点儿小九九打转转，时时算计自个儿的利害得失，甚至以一己得与失作为好与坏、喜与忧的标准，心胸如此狭窄，怎么能成大器？

所以，父母和孩子同修，才能在培养女孩贵气大方的同时，父母也成长和进步。

第五章

好孩子，来自良好的家风

明确家庭的核心文化

英国首相丘吉尔有句名言"人造住宅，住宅造人"，房子是人造的，可是住进去后就慢慢形成一种文化，一种氛围，这种氛围就叫作"家"。

我们中国人比较注重家庭，家庭成员较多受家庭的影响，家庭是个人不可分割的部分。中国传统社会的结构中最重要而特殊的是家族制度，中国的家是中国社会的中心。所以，我们要明确家庭的核心文化。中国人几乎所有活动都是在家庭之内完成的。在这样的家庭里，人们感到自己是一个大群体的一员，感到了互相照顾和安全，也感到了相互依存和限制。即使今天，家庭仍强有力地影响着个体生活的许多方面，决定了人们的职业选择和配偶选择，影响了人们与周围人的关系，也影响了对未来的态度。

所以，这就符合了丘吉尔说的"家能造人"。所以，每个父母，在我们成为父母的那刻，或者即将成为父母之前，有没有想过，究竟想让孩子学会什么，我们的家能带给孩子什么？比如：

书香门第的家，能让孩子从小沾染书卷气，最后也能传承成为书香门第中的一员。

音乐世家，孩子从小被音乐熏陶，长大也能传承音乐方面的造诣。

有信仰的家，父母是虔诚的教徒，也会把这份笃定的信仰带给孩子。

这样的家，毕竟是少数的家。那么，作为普通的家庭，我们让孩子学会什么呢？我个人认为家庭的核心文化应该包括：生活文化、情感文化和事业文化。

1. 培植家庭的生活文化

所谓的生活文化，就是父母想让未来的孩子过怎样的生活，我们就要提前营造一个这样的生活模式给孩子。让其耳濡目染，然后承继。

朱子在《治家格言》里说：

> 黎明即起，洒扫庭除，要内外整洁；既昏便息，关锁门户，必亲自检点。一粥一饭，当思来处不易；半丝半缕，恒念物力维艰。宜未雨而绸缪，毋临渴而掘井。自奉必须俭约，宴客切勿流连。器具质而洁，瓦缶胜金玉；饮食约而精，园蔬愈珍馐。

朱子提倡的就是一种生活文化，勤劳俭朴，对生活心存感恩，对家要有活在当下又要思虑以后，不贪美食华服，做到淡泊淡然去经营生活。

我一直在课上强调，一个好的家庭，首先是会生活的家。而这种生活体现在方方面面。比如，年轻的父母是天天下饭馆吃饭还是亲自下厨做饭；是把屋子收拾得窗明几净还是脏里邋遢；是无所节制的购物欲还是量入为出有计划持家度日；是勤奋上进还是挥霍无度，无所事事；这些都会对孩子产生不同的影响。

勤俭节约是无数家庭代代相传的宝贵精神财富。在社会物质财富飞速增长、人们生活水平不断提高的今天，科学消费、理性消费、做"低碳达人"，不失为一种健康时尚的生活方式。勤俭本身就是一门学问、一种时尚，勤劳的双手可以创造财富、实现资产保值增值，精打细算使生活舒适安稳，也可以造福他人，对社会有所贡献。

有一个朋友，他对于生活的态度就非常科学且理智。没有豪车、豪宅，也不能每年带孩子出国度假，一家人的日常生活很简单，除了应酬时穿的外套，一家人的衣服都以得体舒适为主。这个朋友从小受父母影响，爱惜粮食，吃饭不撒饭粒不剩饭，也这样要求和教育年幼的孩子，"再有钱，一天也只能吃三顿饭。你节省一些，却可以改变很多人的生活。"后来这位朋友注册了一个企业，每年都要从盈利中抽出一部分钱资助农村无生活能力的老人，他还和一群志同道合的"70后""80后"企业家一起，注资20万元作为慈善基金，帮助需要帮助的人。

优良的家风可以滋养人，滋润世风，是我们宝贵的精神财富。生活文化就是让我们每个父母知道，家庭的富裕离不开开源节流、勤俭持家，国家的强大更需要全民养成节约习惯、形成勤俭之风。当我们每个人都把勤俭节约当成一种健康时尚的生活方式，科学消费、理性消费，从我做起、从小事做起，自觉厉行节约、反对浪费。那么，往小处看，家庭不再浪费不必要的花销，往大处看，则是为地球节源资源。这也给孩子一种生活文化的灌输。

2. 培植家庭的情感文化

有人说："家是避风的港湾，在你身心疲惫时为你遮风挡雨；家是欢乐的港湾，在你心情沮丧时为你散播欢娱；家是温馨的港湾，在你寒冷无助时为你敞开胸怀；家是心灵的港湾，用亲情融化你，用幸福包围你，用挚爱感化你。家是充满温暖和爱的地方！"其实这些话对孩子同样适用，因为他们同样需要把家庭作为他们心灵休憩的港湾！家是孩子们感受爱、学会爱的地方！

父母应该努力给孩子营造一个友善、和谐的充满爱的成长氛围，在这种环境中长大的孩子会更懂爱，爱自己，爱他人，从而拥有健康心态。家庭是否和睦、父母情感是否和谐、婚姻是否幸福，都关系着孩子的成长与人格的塑造。夫妻关系不好，会使孩子缺乏安全感、归属感，从而导致心理失衡。

家庭中夫妻关系的状态，会在孩子的潜意识中留下印记，影响孩子将来对待异性的方式以及对待婚姻的态度。如果父母关系不和，给孩子留下了负面的印记，孩子将来就有可能对步入婚姻表现出强烈的阻抗。即使结了婚，也会不自觉地延续父母不良的相处模式，因为在孩子的潜意识里，这种模式已然成为一种处理夫妻关系的经验，它会一直作用于孩子的婚姻，形成恶性循环。它就像一个魔咒死死地纠缠孩子，严重影响孩子未来的婚姻生活质量。

靠谱又称职的父母是家庭情感文化的缔造者，你给孩子造成的情感影响，同时影响着孩子的性格、思想和品德的形成和发展，影响孩子的身心健康。尤其是低龄孩子，各方面的水平迅速发展，美满和睦的家庭环境则为他们的健康成长奠定了最基本的基石。反之，则会给孩子稚嫩的内心世界埋下隐患。

同样是孩子，放在不同的家庭生活环境中，成长的结果有可能完全不同。

比如，父母互敬互爱，家庭生活井然有序，孩子可以无忧无虑，热爱生活，对周围的事物充满好奇与求知欲。研究表明生活在恩爱家庭生活中的孩子，不但心理比较健康，而且智商也高。美国一位心理学家对 4000 多名独生子女调查发现：家庭气氛和睦、常有笑声相伴的家庭，孩子的智商都比不和睦的家庭的孩子智商高。相反，孩子生活中父母争吵不断，家庭矛盾日益升级，打斗离婚甚至互相伤害，这样的孩子不但无法顺利成长，内心也会由于目睹父母的种种行为产生对生活的惧怕，从而产生负能量，对生活热爱不起来。小则身心受到影响郁郁寡欢，大则会影响孩子日后对自己小家庭的组建。

就像歌里唱的那样，"想要有个家，一个不需要多大的地方，在我受惊吓的时候，我会想到它"。可能对于我提出的"给孩子一个温暖有爱的家"，有的读者看了会哑然失笑了——哪个孩子没有幸福的家呀！其实不尽然。我从事心理咨询这么多年，留在我心灵深处的不是那些恩爱夫妻，倒是见识了不少家不像家、父母不像父母的人比较多。

有一个九岁男孩离家出走了，走了一天一夜父母才发现。警察接到报警后开始调查。在调查的过程中发现孩子在自己的卧室抽屉里找到一封用稚嫩笔迹写的信：

爸妈，我走了。走了就不用看见你俩打架了，看到你们互相踢打，大喊大叫，我好害怕。你们每次打架都不管我，我是你们亲生的吗？为什么你们都不考虑我？我把自己关在屋里的时候，吓得直哭，你们还不停下。你们总是有你们的理由，还说什么早知道就不该结婚，不该要孩子的话，你们经常喊着要离婚，你们想过我吗？你们生我后悔了吗？其实，我才更后悔选择你们当我的父母呢。早知道我要成为两个天天打架的人的孩子，我宁愿当初没来这个世界就好了。我讨厌我们的家不像家。

这封信让警察深思了。是什么样的伤害，把一个刚上小学二年级的孩子有了如此勇气，敢于自己离家出走。

站在警察面前的夫妻俩，昨天还打假打得像两只斗红眼的公鸡，今天就变成爸爸耷拉着脑袋不出声，妈妈哭个不停。

好在孩子沿着火车道走了一天，又累又饿，被一个火车站站长发现并救助，才免去更大的伤害和不幸。

离婚率不断升高的家庭，孩子面临的痛苦远比我们想象得多。

在孩子眼里，家庭就好像一个小社会。父母的相处之道，让孩子在潜移默化中学习如何接人待物。孩子本能地效仿父母，形成与他人相处的方式。在父母恩爱，相互尊重的家庭里长大的孩子，大多彬彬有礼、富有爱心。在和睦家庭中成长起来的孩子，大多有稳定的安全感、归属感，性格多乐观、自信、诚实，遇到困难多会采用积极的方式应对。

相反，如果父母关系紧张，家庭矛盾多，一方或双方有不良的生活习惯，又或者品行不端，也会对孩子形成反面教育。家庭中若充斥着吵闹、冷战，充满负性情绪，孩子就会压抑、恐惧、自卑，或产生对立、仇恨，甚至发展出暴力倾向。长此以往，一些孩子还会在家庭以外的地方寻求慰藉，早恋、上网成瘾都是向外寻求慰藉的表现。

所以，家庭里情感文化经营好了，才能谈到如何培养孩子的问题，给孩子奠定强大的接受爱和给予爱的能力。给孩子当好父母，不一定是有钱的父母。有钱当然更好了，但我们都是普通父母，没有特别有钱，那么在生活中力求给孩子一个平静祥和的家，给孩子一个情感上的楷模。

3. 培植家庭的事业文化

谈到家庭的事业文化，在我们国家，大部分父母还不太重视，认为孩子只要学习好，成绩考得高，将来能进一个好学校就够了。往前追溯几年，大部分父母还抱着比较陈旧的观念，认为孩子将来能当公务员，进一个国营企事业单位，旱涝保收就好了。事实证明，随着社会发展，就业的严峻和广泛，更要求我们父母在孩子尚小、没有走上社会之前就应该在家里根植事业文化。

我曾在课上问过家长，有没有想过在培养孩子的过程中，教给他们创业，指引他们未来事业的方向呢？大部分家长一致认为，孩子还小，主要任务是学习，离创业还远着呢，再说，创业教育是大学的事，与家庭无关。

目前，曾经有过创业教育的家长很少，更不要说让孩子从小接受家庭里的创业教育了。从整体来看，我国创业教育起步较晚，存在着两个方面的误区。一方面，在创业教育实施的主体上，许多人把创业教育狭隘地理解为"学校创业教育"，忽视了家庭和社会的创业教育功能；另一方面，在创业教育实施的内容上，不少人把创业教育片面地理解为传授创业知识或创业技能，忽视了对创业者创业意识的提高、创业精神的培养以及创业品质的陶冶。

我们中国的大部分父母都追求安稳，根深蒂固的观念是学习好、成绩好、工作好，然后一直打工到老。不思变，不敢创新，不敢冒风险是我们的国情。不要说对于孩子培养事业文化，即使现在已是成年的大多数父母，也不会大胆地自己去创业。而是选择一个可以给人打工的路径。当然，我不是说给人打工不好，毕竟社会之大，人口之多，不是所有的人都能当企业家，都能当老板，一个踏实肯干的打工者，也是一种事业。只要干得好，有长进，从一个普通职员干到管理者，也是事业。

我的观点是想强调，父母要在家里有意识地培养孩子的这种"事业"观念。让孩子明白，走上社会不仅仅是给人打工一条出路，自己敢于创业才是本事。不要灌输给孩子找不到工作的念头，要多给孩子讲述中外白手起家、创业成功人士的成长经历和成功经验，鼓励孩子去冒险、去创新，培养孩子的领导能力、团队协作能力和人际交往能力等。

相比之下，国外的家庭对于事业文化的培养就很超前。比如，美国石油财团洛克菲勒家族的第二代威廉·洛克菲勒曾说，母亲在他小的时候每周会给固定的零花钱，指导他制订每周的开支计划，这些从小养成的习惯，对他日后在商业上的成功很有帮助。

大多数美国家庭也是如此，在不同的年龄阶段，父母会循序渐进地教会孩子如何使用零花钱、如何存钱、如何赚钱、如何使钱增值等。如在孩子3~5岁时，父母就会教他们识别硬币及其价值，并给孩子提供三个罐子，一个用来储蓄，一个用来消费，一个用来投资。6~10岁时，父母在日常购物时会让孩子一起做决定，让孩子学会比较商品的价格并使用优惠券，此外，还会为孩子开个储蓄账户并了解利率变化。11~18岁，父母会教孩子如何理智地使用信用卡，如何尝试购买股票、债券等多样化投资。

美国家庭多采用民主型的教养方式，非常注重培养孩子的自我意识与独立意识，这种独立表现在生活独立和精神独立两个方面。在生活独立方面，无论家庭经济条件如何，美国父母都注重从小培养孩子吃苦耐劳的精神，鼓励孩子承担一些力所能及的家务劳动，或者给孩子安排一个固定的劳动岗位，让孩子学会一些必要的劳动技能。当孩子 18 岁时，父母会鼓励孩子"离家出走"，自己打工赚取生活费，自己贷款完成学业。在精神上的独立主要表现为鼓励孩子自己做选择，而不是事事依靠父母，从而锻炼孩子独立思维的能力和坚强的意志品质。而这些正是成功的创业者必备的素质。因为在创业过程中，无论是选择创业项目、挑选创业伙伴，还是找准创业时机、寻找创业资金，只有学会独立思考、做出正确选择才能使创业得以顺利地开展。

所以，我们良好的家风，不仅仅要培养生活文化和情感文化，也要在孩子小小的心田播种事业文化。

父亲是家庭三大支柱

父亲之所以被称为家庭顶梁柱，是因为父亲是孩子成长过程中不可缺少的角色。

《三字经》里有一句经典"养不教，父之过"。虽然这里面有男权思想的体现，但不得不说，从古至今父亲在教育孩子身上的重要性和不可或缺性。如果家是一条河，父亲决定小河的流向。心理学家研究发现，孩子在成长过程中如果缺乏父亲的影响作用，男孩容易变得女性化，女孩容易依恋年长男性，或惧怕、不信任男性。在当今社会，由于激烈的生存竞争，大多数家庭中的父亲忙于工作，在职场上全力打拼，照顾家庭和教育孩子的重任落在了母亲一个人的肩上，致使父亲在孩子成长过程中的作用逐渐被弱化，甚至渐渐淡出，出现了"亲情关系向母性群体倾斜"的现象。这不仅有碍于良好家庭关系的建立，更不利于孩子身心的健康发展。近几年来，在家庭教育研究领域，"父性教育"越来越受重视。

父性教育即对孩子提供充满父亲角色特性的教育，由父亲来实施体现父亲人格特征的家庭教育。父性教育和母性教育结合起来的教育才是完整的家庭教育。

在家庭中，父亲象征着一种雄性力量，具有雄壮、威武、勇敢、进取、独立、果断的个性品质，父亲在家庭教育中比母亲更有计划性、目的性，知识面更广。父亲的这些个性品质与特点，是母亲所无法模仿的，父亲在家庭教育中的作用也是母亲所无法替代的。

父亲的高度决定了孩子的层次。想当一个有高度的父亲，首先应该是一个好男人、一个成功的男人。怎样算是一个成功的男人呢？首先，要有经济基础。不需要大富大贵，但要肩负起家庭的重担，维持家人的体面生活，为孩子的教育提供经济资源；其次，要有文化素养，给家庭和孩子以精神支柱。要把人类社会的一些文化知识吸收传承下去，帮助孩子建立知识架构；最后，要有高尚的品德。我们是孩子的镜子，会直接影响到孩子，也能让孩子不断传承下去。

1. 经济支柱

一个家想要运转正常，经济要排在第一位。家虽不需要大富大贵，但起码的经济基础要牢靠，否则就会出现那种"贫穷夫妻百事哀"的局面。传统社会流传下来的男主外、女主内就是要求一个父亲在家里要扮演好经济支柱的角色。

我们中国的很多父亲们容易陷入两个极端，要么就是挣不了钱，被妻子骂成没用；要么就成了奔事业而顾不了家，举着我在外面打拼赚钱，兼顾不了家也正常的大旗，对家不管不顾。其实，走到任何一个极端都不能是一个成功的父亲。

有一个外国的朋友谈起了一个家庭里父亲的作用，中国人和他们外国人对家庭的重视度不同。那位外国朋友说："你别生气，其实，我们觉得你们中国人并不爱家，并不像你们自己说的这么注重家庭。你们更爱金钱！"我愕然，于是，我记下了这位朋友说的话："无论在我们国外还是在中国当地，你们中国人的确很勤奋，中国人在海外也能比当地人积蓄更多的钱财，但我不认为这是你们中国人有经商的天赋，而是你们比我们更节俭，更能省，是通过降低生活标准来完成的金钱积累。你们会没日没夜的工作，把孩子都交给老人照管，除了关心孩子的学习成绩外，你们忙得很少和孩子一起玩。所以，你们华人的孩子尽管学业上很优秀，但他们总是觉得自己很另类，觉得和当地人比起来，父母更关心的是家庭的金钱收入、关心的是他们的学习分数，而不是他们的快乐。你们中国人说这是为了孩子，为了下一代多挣些钱，但每一代都说自己赚钱是为了下一代，那么究竟哪一代会真正地使用这笔钱呢？生命是那么短暂，你们借口为了家庭的未来，而在现在就牺牲了家庭，我不知道这个账是怎么算过来的，怎么还能体现你们自己很自豪的家庭观念。"

虽然这位外国朋友是站在他们国情下看到我们对于家庭和孩子教育的不足，我本想申辩这是我们国情决定的，我们必须努力赚钱，没有最低生活保障，不赚钱怎么活？但我又觉得这位朋友说的话的确在理。如果父亲变成一个个会赚钱的机器，甚至有的父亲不陪伴孩子也没有去赚钱，而是胡吃海玩儿，那就不仅仅是赚钱的机器，而纯粹变成了造粪的机器。这样的父亲怎么可能是经济的支柱？

在我看来，一个成功的父亲既要能给家庭带来经济收入，也要尽最大可能带给家人陪伴，让家的生活质量提高。

德国的广告牌上面写着：请每天跟你的孩子玩 15 分钟！落款是德国政府一个家庭机构，旨在让繁忙的爸爸每天尽可能地和孩子在一起玩，哪怕时间不长。

德国虽然是以男人挣钱养家、在各个领域执掌大权为主的国度，但越来越多的德国男人开始重视家庭。其实，和孩子玩儿，一直是德国人的传统。尤其是周末。早晨的面包店外，全部是爸爸在带着孩子排队，一面聊天，一面等待新鲜出炉的面包；散步时，路过任何一家的花园，都会听到树围栏后面爸爸和孩子嬉戏玩耍的笑声；午后去公园的路上，又会看到一道温馨的风景：一个小小的自行车队在行进，最前面是爸爸，然后是阶梯般个头的小孩子，最小的可能只有两三岁，骑着板凳车，爸爸不时停下来等那个最小的还在东张西望、心不在焉的家伙……

所以，我们中国的父亲们要从观念上修正过来，我们是家庭的经济支柱不假，我们更要成为其他的支柱，比如精神支柱。

2. 精神支柱

英文"丈夫（Husband）"的意思是家庭的纽带。"Husband"，在家庭中是丈夫、父亲，通过自己强烈而无私的爱，将自己的家人（即妻子和子女）连接在一起的家庭纽带。父亲是一家之首。父亲必须成为子女的物质、精神、属灵的源泉。父亲是引领家庭的家长，他有责任供养家人，视子女为宝贵的礼物，使他们成长，让全家人团结在一起。作为父亲，要对父亲的感化力和在家庭中所扮演的角色有正确的理解，要努力成为儿女的榜样。父亲对子女不仅要有宽广的胸怀，同时也要对他们予以肯定及鼓励。父亲有责任教导子女走在正确的道路上，给予他们正向的精神支柱。

作家苏珊说："小时候，夏日黄昏前的那一段时光，常随父亲到后花园玩，跟父亲说说话，直到母亲喊我们吃晚饭。父亲从不说你别来打搅我。"

利克是东肯塔基大学田径运动教练，经常不得不离开妻儿外出工作。他的儿子说："还记得父亲在宾州时带我出去打猎。父亲并不是一个天性活跃的人。我们无须侃侃而谈，但在森林里的那些时光却很快乐。"利克听后为之一动，此后他在家时总会和儿子在一起。

一个孩子之所以能在长大的某一天还能深深记得父亲带自己玩耍，陪伴自己的时光，这就是一种精神影响。

我们看看下面两个爸爸是怎样影响孩子的：

A："北漂"卖菜叔把自己当榜样

有一个爸爸是个"北漂"，只有小学四年级文化水平，育有一儿一女。他在大城市里经营一个菜摊儿，凌晨三四点起来去上菜，晚上八点才收摊儿，一年365天，他天天出摊儿。辛苦的工作并没有磨灭他的文学激情，每天都坚持写卖菜日记，回到家还要练书法。孩子看到父亲如此好学上进，也就有样学样，爸爸每次练书法，他们也跟着练，爸爸记日记，他们也记日记。卖菜忙碌的时候孩子们不上学的情况下就会帮父母收钱记账，不忙的时候都坐在菜摊边上写字看书，外人也许看到的是他们的贫困和辛苦，而一家人却其乐融融。后来，因为卖菜哥写了一本书，记者采访他是什么动力让他坚持下来的，他说："首先我喜欢文字，其次我想给孩子做个榜样，不是进了学校才能学知识，随时随地都可以学习。"

这是一个朴实无华的爸爸，却有着很大的教育智慧。

B：爸爸给孩子画绘本

有一个年轻的爸爸，没有任何绘画背景，4年来却自学给儿子"画"了100本绘本。他通过自己独特的方式来传递父子之间的对话，记录孩子的成长。满满的都是爱。这位爸爸说："我是一个普通的爸爸，内向，幼稚，爱做梦，胸无大志，整天沉溺于老婆孩子的温柔乡中不可自拔。27岁结婚，立志成为世界上最好的老公。29岁生子，决心给他最温暖最全心的陪伴。这是我的世界。我不是专业人士，画画只是小时候的一点爱好，再次提笔纯粹是一时兴起，为博孩子一笑。但当我看到孩子拿到书兴奋得小脸通红，听到他一次次充满期待地问我有没有做新书时，我在心里默默地对自己说："啊！上了贼船，下不来了！"

他一画就是4年。刚开始只是简笔画。这位爸爸一边画，一边自学，慢慢地越来越熟练。然后又开始原创故事和角色，画出了好几本让自己非常惊讶的绘本。到目前已经用自己的手给孩子画了超过百本的绘本。

这样的爸爸用一种精神给孩子带来了不可替代的成长食粮。

这两个爸爸是典型的精神支柱爸爸，自己有着强大的内在驱动力，才能生发出强大的精神力量。到底什么样的父亲才合格呢？这很难确定，但孩子们胸中有数。就是那些在孩子长大的过程中，给孩子留下过美好印象的父亲，让孩子们的精神世界因为有了父亲的影响而变得丰富多彩，这样的父亲，一定是孩子的精神支柱。无论到什么时候，想起父亲就生出无穷的力量。

3.传承支柱

谚语"龙生龙，凤生凤，老鼠的儿子会打洞"形象地道出了有什么样的父母就有什么样的孩子。在我看来，一个好父亲一定会通过自己的教育理念在孩子身上烙下印记，并且使得孩子把父亲的这一套方法传承下去。

清代的曾国藩家风为世人称赞，学习效法者众多。曾国藩家教开启了曾氏家族的繁荣局面，使这个家族在曾国藩之后尚能绵延数代，且代代有人才。

《朱子治家格言》是讲求道德修养，行为规范的准则，劝人勤俭治家，安分守己的一篇家训。作者归纳了日常生活中的各种事务，并给出正确处理的原则和方法，很容易在生活中去运用和落实。这篇家训只有54句，500多个字，篇幅短小，语言凝练，读来朗朗上口。300多年来传诵于全国，乃至东南亚华人地区，其中一些句子已成为至理名言，对当时以及后来学者产生的影响极大。对于家长教育子女有重要的现实意义。

还有颜之推留下的影响了后世几朝几代直至当今依然被奉为教育经典的《颜氏家训》。

傅雷的教子名篇《傅雷家书》，傅雷夫妇作为中国父母的典范，一生苦心孤诣，呕心沥血培养的两个孩子：傅聪——著名钢琴大师，傅敏——英语特级教师，是他们先做人、后成"家"，超脱小我，独立思考，因材施教等教育思想的成功体现。家书中父母的谆谆教诲，孩子与父母的真诚交流，亲情溢于字里行间，给天下父母子女强烈的感染启迪……

这些脍炙人口的传世教育经典都展示了作为父亲的睿智和德识兼备。当今我们作为父亲的一代人，虽然不能做到如前辈那么出色和优秀，也要努力在教育孩子的道路上走得更好，做一个能立得起家道家风的人。

作为一个家庭的顶梁柱，父亲的角色扮演更是家庭的重中之重。其一言一行无不潜移默化地影响着孩子的成长。因此，日常生活中的言传身教，是家庭教育的重要教育方式。怎么能做到让孩子在自己的身上学到积极的东西呢？

"言传身教"是中国家庭教育的优秀传统。这个成语的内涵解释是——"言传"：语言上传授、讲解；"身教"：亲身以行动教导，以行动示范；"言传身教"是既用言语来传授讲解，又用行动来示范教导。言传和身教，都是教育的手段，传是传授，教是教导，传也是教，教也是传，言传是教育者把身教的内容加以总结阐发，用来教育被教育者。身教是教育者把言传的内容加以贯彻落实，而且尤其是指教育者自身把他所要言传的东西加以亲身实践，从而教育被教育者。两者相辅相成，但是身教更重于言传，或者说没有身教，言传就会成为空中楼阁。

正是由于言传和身教的重要，才要求我们作为父亲，一定要传承上一辈的优秀传统，而摒弃上一辈的不良做法。

我相信中国的大部分爸爸还信奉"棍棒出孝子"的价值观。因为他们都是在他们父辈的棍棒下成长起来的，所以，当自己好不容易也有了权力，就会把以前自己所受到的待遇在孩子身上故技重施。我要重申"棍棒底下出不了孝子，更多的是会出逆子"。父亲用一双有力的手朝着孩子挥起拳头和巴掌，野蛮对待还没有多少反抗能力的孩子时，在孩子心里种下的并不是权威，而是暴力。教育需要的是耐心，而非暴力。打是解决问题最坏的办法，其结果往往是"解决小问题，带来大麻烦"。

作为一个父亲，有责任和义务培养儿子成为绅士，让儿子也成长为一个好父亲教育他的下一代。作为一个父亲，有义务培养女儿成为淑女并给女儿心中树立男性的美好，让女儿有正向的择偶观。父亲粗鲁孩子也会粗鲁，父亲知书孩子达理，父亲高尚孩子高尚，这才是让孩子真正传承的东西。能做到积极、正能量地引导孩子，父亲才不愧成为一个家族传承的角色，把接力棒交到下一代手中。

母亲带给家庭的三大力量

老话常说："女人嫁错男人，毁一辈子；男人娶错媳妇，毁三代。"可以说，女人就是一个家族中的传承者、培养者和教育者，她决定着家族中上一代人的幸福，这一代人的快乐，下一代人的未来。

自古以来，母亲是家庭和谐关系的主导力量，在弘扬传统美德、传续优良家风、倡导健康生活、建设幸福家庭等方面具有不可替代的作用。在生物学意义上，母亲是孩子最亲的人，"知子莫如母"，母亲的教育也许谈不上符合什么先进的教育理论，母亲教育孩子的时候也许讲不出什么大道理，但母亲对孩子的教育是心贴心的对话。以母亲为主体的家庭教育，因此很容易在孩子的心里引起共鸣并会影响孩子一生。

母亲的影响是其他家庭成员无法替代的，他们特殊的亲子关系始于婴儿孕育的那一刻，此时，母亲对生活的态度就对孩子开始了潜移默化的影响，当孩子出生后，母亲很自然地成为孩子生活的第一个指导者，随着孩子长大，进一步成为他们走向社会的最初引导者。大多数家庭里孩子与母亲朝夕相处，母亲对孩子进行言传身教的时间最长，所以母亲是孩子一生当中最重要的老师。

同时，女性自身的生理和心理特点，奠定了母亲在决定家庭消费、搞好家庭文化生活方面的主导地位。一个身心健康的母亲在抚育子女、帮助子女成长和发展、促进其形成正确的世界观、人生观、价值观、道德观方面起到决定性的作用。在正确处理人际关系、与他人协助合作、形成良好的行为习惯等方面，母亲都具有非常特殊的作用。正是这些母亲得天独厚的女性特征，使得母亲给家庭带来力量。

1. 亲和力

亲和力对女性而言，几乎是与生俱来的。我们常常用"温柔体贴"来赞美女性，社会期待女性扮演知书达理、娴静雅致的角色，也赞扬相夫教子的女性所做出的牺牲。这不仅仅是为了维持良好的社会秩序，更是女性的天性决定她适合这样的安排。当一个女性成为妈妈的时候，她身上的魅力就更加丰富深刻，母亲的智慧也就更加让人崇敬。善解人意并不为女性所独有，然而在女性身上却更加自然，让人愿意亲近。

有一次去餐厅就餐，邻桌有一个妈妈带着一个四五岁的小男孩，小家伙正是淘气的年龄，一会儿在餐厅里跑，一会在座位上摆弄碗碟，这位妈妈开始还能柔声对孩子说要乖，要听话。随着孩子不听话，这位妈妈的火气也随之上升。大声呵斥了孩子一声，孩子暂时不闹腾了。结果服务员刚端上饮料，孩子端果汁的时候，没拿好，"嘭"的一声，果汁连杯子一起摔碎在地上，果汁溅在了那位妈妈洁白的毛衣上。

那位妈妈当时涨红了脸，抬手就在孩子的背上重重地拍了一巴掌，孩子看着餐厅里很多就餐的人，哇哇大哭。这位妈妈为了不影响别的客人就餐，拉着哭哭啼啼的小男孩站在餐厅外面的冷风里。隔着餐厅的玻璃我看见，孩子不停抽动着肩膀在哭，那位妈妈还在不停地指着孩子的脑袋骂。

男孩固然淘气，但作为妈妈，这个时候如果是用轻柔的声音说：没关系，再要一杯果汁就好了，玻璃杯子是很脆的，很容易碎，下次拿好，知道了吗？这样的话，男孩子不但会乖乖坐下来用餐，而且还会感激妈妈。

而同样的场面，我也看过科学家史蒂芬·葛雷的故事：

有一次葛雷尝试着从冰箱里拿一瓶牛奶，他失手把奶瓶掉在地上，牛奶溅得满地都是。他的母亲来到厨房，没有对他大呼小叫，她说："哇，你制造的混乱还真棒！我从没在家里看见过这么大的水坑。在我们清理它之前，你要不要在牛奶中玩几分钟？"

葛雷开心地玩儿地上的牛奶，几分钟后，他的母亲说，"你知道，每次当你制造这样的混乱时，最好你再把它清理干净，物归原处，你想这么做吗？我们可以用一块海绵，一条毛巾或者一个拖把，你喜欢哪样？"他选择了海绵，于是他们在一起清理地上的牛奶。

他的母亲又说："你知道，我们在如何用两只小手拿大奶瓶上已经做了个失败的试验，让我们到后院去，把瓶子装满水，看看你是否可以拿得动它。"于是小男孩学会了如果用双手抓住瓶子上端接近瓶嘴的地方，他就可以拿住它不会掉。这堂课真棒！

葛雷说，那一刻他知道他不需要害怕错误，知道错误只是学习新东西的机会，科学实验也是如此，即使实验失败，我们还是会从中学到有价值的东西。

如果每个父母对待孩子的一些错误、失败，都能像葛雷的母亲那样，那么我们的孩子将会怎样呢！

林肯曾说过："当一个人心中充满怨恨时，你不可能说服他依照你的想法行事。那些喜欢骂人的父母、爱挑剔的老板、喋喋不休的妻子……都该了解这个道理。你不能强迫别人同意你的意见，但却可以用引导的方式，温和地使他屈服。"这种温和友善地使他人屈服的能力，表现在妈妈身上就是亲和力。在孩子的成长过程中，妈妈影响孩子的核心特质就是亲和力。一个做了妈妈的人，一旦有了亲和力，就是一种无形的力量，这种力量不仅能带给孩子温和的性情，还能平息家里的风波。所以，为人母者要修炼这种气质和能力，给家带来亲和力。

2. 坚韧力

在世界上，没有别的东西可以替代坚韧，聪明不能替代坚韧，父辈的遗产也不能替代，而命运则更不可能替代。可以说坚韧是解决一切困难的钥匙，坚韧可以使柔弱的女子养活她的全家，使穷苦的孩子努力奋斗，最终找到生活的出路，使一些残疾人也能够靠着自己的辛劳，养活他们年老体弱的父母。一个女性在成为母亲之后，自身的坚韧就会更多一层，尤其是在为了家、为了儿女的时候。

对于母亲的坚韧，不得不提三袋米的故事。

一个特困家庭。儿子刚上小学时，父亲去世了。娘儿俩相互搀扶着，用一堆黄土轻轻送走了父亲。母亲没改嫁，含辛茹苦地拉扯着儿子。那时村里没通电，儿子每晚在油灯下书声琅琅、写写画画，母亲拿着针线，轻轻、细细地将母爱密密缝进儿子的衣衫。日复一日，年复一年，当一张张奖状覆盖了两面斑驳的土墙时，儿子也像春天的翠竹，噌噌地往上长。望着高出自己半头的儿子，母亲眼角的皱纹写满了笑意。

儿子考上了县重点一中。母亲却患上了严重的风湿病，干不了农活，有时连饭都吃不饱。那时的一中，学生每月都得带 30 斤米交给食堂。儿子知道母亲拿不出，便说："娘，我要退学，帮你干农活。"母亲摸着儿子的头，疼爱地说："你有这份心，娘打心眼儿里高兴，但书是非读不可。放心，娘生你，就有法子养你。你先到学校报名，我随后就送米去。"儿子固执地说不，母亲说快去，儿子还是说不，母亲挥起粗糙的巴掌，结实地甩在儿子脸上，这是 16 岁的儿子第一次挨打……

儿子终于上学去了，望着他远去的背影，母亲在默默沉思。没多久，县一中的大食堂迎来了姗姗来迟的母亲。她一瘸一拐地挪进门，气喘吁吁地从肩上卸下一袋米。负责掌秤登记的师傅打开袋口，抓起一把米看了看，眉头就锁紧了，说："你们这些做家长的，总喜欢占点小便宜。你看看，这里有早稻、中稻、晚稻，还有细米，简直把我们食堂当杂米桶了。"这位母亲臊红了脸，连说对不起。师傅见状，没再说什么，收了。母亲又掏出一个小布包，说："大师傅，这是 5 元钱，我儿子这个月的生活费，麻烦您转给他。"师傅接过去，摇了摇，里面的硬币叮叮当当。他开玩笑说："怎么，你在街上卖茶叶蛋？"母亲的脸又红了，支吾着道个谢，一瘸一拐地走了。

又一个月初，这位母亲背着一袋米走进食堂。师傅照例开袋看米，眉头又锁紧，还是杂色米。他想，是不是上次没给这位母亲交代清楚，便一字一顿地对她说："不管什么米，我们都收。但品种要分开，千万不能混在一起，否则没法煮，煮出的饭也是夹生的。下次还这样，我就不收了。"母亲有些惶恐地请求道："大师傅，我家的米都是这样的，怎么办？"

师傅哭笑不得，反问道："你家一亩田能种出百样米？真好笑。"遭此抢白，母亲不敢吱声，师傅也不再理她。第三个月初，母亲又来了，师傅一看米，勃然大怒，用几乎失去理智的语气，火辣辣地呵斥："哎，我说你这个做妈的，怎么顽固不化呀？咋还是杂色米呢？你呀，今天是怎么背来的，还是怎样背回去！"母亲似乎早有预料，双膝一弯，跪在师傅面前，两行热泪顺着凹陷无神的眼眶涌出："大师傅，我跟您实说了吧，这米是我讨……讨饭得来的啊！"师傅大吃一惊，眼睛瞪得溜圆，半晌说不出话。母亲坐在地上，挽起裤腿，露出一双僵硬变形的腿，肿大成梭形……母亲抹了一把泪，说："我得了晚期风湿病，连走路都困难，更甭说种田了。儿子懂事，要退学帮我，被我一巴掌打到了学校……"她又向师傅解释，她一直瞒着乡亲，更怕儿子知道伤了他的自尊心。每天天蒙蒙亮，她就揣着空米袋，挂着棍子悄悄到十多里外的村子去讨饭，然后挨到天黑后才偷偷摸进村。她将讨来的米聚在一起，月初送到学校……母亲絮絮叨叨地说着，师傅早已潸然泪下。他扶起母亲，说："好妈妈啊，我马上去告诉校长，要学校给你家捐款。"母亲慌不迭地摇着手，说："别，别，如果儿子知道娘讨饭供他上学，就毁了他的自尊心。影响他读书可不好。大师傅的好意我领了，求你为我保密，切记！切记！"母亲走了，一瘸一拐。

校长最终知道了这件事，不动声色，以特困生的名义减免了儿子三年的学费与生活费。三年后，儿子以627分的成绩考进了清华大学。欢送毕业生那天，县一中锣鼓喧天，校长特意将母亲的儿子请上主席台，此生纳闷：考了高分的同学有好几个，为什么单单请我上台呢？更令人奇怪的是，台上还堆着三只鼓囊囊的蛇皮袋。此时，师傅上台讲了母亲讨米供儿上学的故事，台下鸦雀无声。校长指着三只蛇皮袋，情绪激昂地说："这就是故事中的母亲讨得的三袋米，这是世上用金钱买不到的粮食。下面有请这位伟大的母亲上台。"

儿子疑惑地往后看，只见师傅扶着母亲正一步一步往台上挪。我们不知儿子那一刻在想什么，相信给他的那份震动绝不亚于惊涛骇浪。于是，人间最温暖的一幕亲情上演了，母子俩对视着，母亲的目光暖暖的、柔柔的，一绺儿有些花白的头发散乱地搭在额前，儿子猛扑上前，搂住她，号啕大哭："娘啊，我的娘啊……"

三袋米，代表了大如天、重如山的母爱。也代表了一个母亲的坚韧不拔。

我们现实中大部分人应该没有故事中母亲那么凄苦的生活，但我们不得不学习故事中母亲的坚韧。有多少母亲生下孩子嫌苦嫌累生了不养交给老人，还有多少母亲嫌生活苦累弃儿舍家，杳无音信。

一个家里，如果有一个坚韧不拔的母亲给予力量，那么这个家无论是穷富，都会过得平静安乐，无风无雨。

3. 凝聚力

在中国，母亲是家庭的核心，妈在，家在，妈不在，家也不在。一个家庭，很难有谁有妈那样的向心力——妈妈对家付出最多，花的心思最多，守家的时间最长，自然最具凝聚力。孩子恋家，恋妈妈，妈妈培育了孩子，孩子的家庭角色就是由妈妈一手培育打造的。

在家庭教育中，妈妈要在家庭中形成一个凝聚人心、催人奋进、具有强大吸引力的核心，建立在由宽广的胸怀、完美的引导、高尚的人格魅力和巧妙的沟通等方面构成的个人权威之上。妈妈这种无形的影响，会伴随着孩子的一生。

台湾心理学博士洪兰女士说，从人类演化角度，母亲是家庭的灵魂，母亲快乐全家快乐，母亲焦虑全家焦虑。母亲乐观全家乐观，母亲悲观全家悲观。这不是给女性加压，而是提醒母亲，当一个女性走入婚姻，与家务完美、自己完美、小孩完美相比，自己的情绪更是要第一位的。妈妈快乐是对孩子最好的教育，妈妈心情愉快就是对家庭最大的贡献。

现实中，很多妈妈由于生活的压力，整天愁眉不展，不是抱怨生活，就是抱怨老公，再不就是责骂孩子，家里整天充满火药味儿，这样的家，这样的母亲就没有什么凝聚力，被抱怨的多了，老公想逃，被责骂的多了，孩子想跑。时间一久，本来应该让家和谐的母亲变成了嘴碎婆、唠叨婆，家还能和谐吗？

如果在女儿成长过程中，女儿总是看到母亲对父亲存在太多愤怒的情绪，女儿长大后，也会不自觉地把这种情绪转移到自己的亲密关系中，总是莫名其妙地对男友或者老公生气。在心理咨询中，遇到一个女性她就是典型的急性子，总是无缘无故冲老公发火，后来在一次聊天中，问起她的父母关系，原来如出一辙，她母亲跟她脾气一样，也喜欢对她父亲嚷嚷。中国有句老话，叫"有其父必有其子，有其母必有其女"说的就是这种父母认同心理，暴虐的父亲必然有个暴虐的儿子，爱唠叨的母亲必然会培养出爱唠叨的女儿，我们总是这样在不经意之间充当儿女的榜样，塑造着儿女的性格，并影响着儿女的心理成长。

比尔·盖茨曾说过，自己在母亲那里得到的是"虔诚和善良"，我们在比尔·盖茨对全世界贫困地区的大量捐款上就可以看到母亲的印记。

著名作家金庸就曾经说，他对小说的人物内心深处的探索很多受母亲的文化影响。金庸的母亲徐禄是徐志摩的姑妈，在那个时候就读过高中，并能写一手漂亮的水笔字。

每一个人的母亲都在以她们各自的形象影响着自己的孩子，虽然在这里举出的都是名人的母亲，这不等于我们没有关注平凡的母亲，只是这里所举出的母亲形象大家都知道和熟悉，所以她们就具有一定的代表性。

我们作为普通的父母，普通的母亲，也在践行着教育孩子，维护家庭的使命，所以，牢记一个母亲的力量，除了亲和力、坚韧力还有凝聚力。母亲的柔弱不仅仅是绕指柔，更应该是一种化柔为力量，化亲和力量为力量的智慧。

第六章

好父母，营造传承的家道

家道的传承靠教育

习近平主席说过，"无论时代发生多大变化，无论生活格局发生多大变化，我们都要注重家庭建设，注重家庭，注重家教，注重家风"。我理解就是希望我们建设幸福的家庭，使家庭成为人的生命、生存和生活价值的栖息地和纪念碑。幸福的家庭各有各的福气，但他们有什么共同的特点？我认为幸福的家庭是有共同价值观的家庭，是有丰富生活的家庭，是有完整教育的家庭。如何能营造一个好的家庭、家风、家道让下一代、下下一代传承才是我们教育的终极目标。

家国天下，家排在首位，正印证着家的重要与特殊地位。"家"由家道、家学、家风和家业四事组成，中国古人有说"不孝有三，无后为大"这个"无后"指的是这一家有没有继承家道的人。如果没有这样的人，这个"家"迟早还是要衰败的。做一对合格的父母做到前面我谈到的那些还不够，还需要能营造一个可以传承的家道。

如果问父母，想要给自己的孩子留下什么，或者说要教给孩子什么的话，我估计，回答留给孩子财富的要占多数。那么，有没有考虑，真正给孩子的财富是什么呢？是一套房子，还是一笔存款，还是一项生存的技能和本领？在我看来，给孩子最大的财富就是让孩子"成为一个健康又快乐的人"。我一直认为，真正的教育一定是让"人"走在"才"前面，才能最终实现把孩子培养成"人才"的目的。而要培养一个"人"，就要从人性、人道、人格上下功夫。

美国一名记者问李嘉诚先生成为华人首富的原因，李嘉诚用两个字回答：气概。气概是什么？气概是一个人的格局，一个人的高度。这名记者再问李嘉诚："你这种气概是怎么培养出来的？"李嘉诚先生感叹："儿童时期学的《三字经》《千家诗》《诗经》《老子》《庄子》等，这些知识弥足珍贵，令我终身受益！"初中毕业的李嘉诚能够成为大企业家、大慈善家，与他小时候的精神"喂养"密不可分。

孔老夫子的家族，最主要是什么？孔子被尊为至圣，然后代代都重视家道、家规、家教，它才能保持。不能保持家教、家规，经历两三代，很少能够再保持。我们看我们这个时代，请问家道可以保持几代？不要说一代，一代至少三十年。现在很多家里的财富快速累积，可能五年十年整个家就败掉了。老子说过，"祸福相倚"。假如没有高度的智慧，没有谨慎，没有勤俭，没有孝悌的传承，现在社会诱惑这么多，他本人抵不了诱惑，后代子孙可能就更抵不了诱惑。

家庭教育将对家族后代产生深远影响。不论是我国还是外国，都有一些具有优秀传统、人才辈出的家族，当然也有臭名昭著的家族。美国学者理查德·戴尔曾做过两个家族的对比研究，一个是马克思·杜克斯家族，另一个是约翰逊·爱德华家族。200多年来，前者的大约1200个后裔中鲜有社会有用之才，而后者的近1000个后裔中，大学教授、律师、医生、法官、作家、政治家几乎比比皆是。中国有句老话，叫作"富不过三代"说的是那些缺少优秀传统的家族败落的事实。但是，中国也有许多具有优秀传统的家族，如曾氏家族、梁氏家族、钱氏家族等，我们读梁启超的家书、曾国藩的家训，能从中体会这些家族的文化传统。这些家族之所以能够兴旺发达，生生不息，人才辈出，最重要的原因是这些家族具有延绵不绝的优秀的家族文化传统。

由于自然规律，我们每个人都注定要离开这个世界，没有人会长生不老，生命永恒的唯一途径，就是把你美好的品德、精神和家风永远地留传给子孙后代，使之成为一个家族延绵不断的文化血脉。因此，今天，我们向全社会每一位家长和每一个家庭发出倡议，为了对家庭负责，对子孙后代负责，对祖国的未来负责，对人类的美好和进步负责，从现在起，重立家训，重定家规，重建家族文化，重塑优良家风，追求高尚的家庭生活，传承优秀的家族传统。

家道要传承得长久，没有别的，要把教育下一代摆在第一位。但是我们要冷静地看这个时代，家庭也好，整个社会甚至国家也好，把什么摆在第一位？钱摆在第一位。为什么现在的风气变成这样？我们中国人把先人留下的很多传统国学文化丢弃了，人的素质才有一落千丈的危机。所以，像朱子格言提倡的那样，"子孙虽愚，经书不可不读"。所以读圣贤书重要！践行先祖文化很重要！父母先有这方面的意识，去给孩子营造一个这样的家庭和氛围，从孩子小的时候落实，长大才能传承。

把握教育时机，培养人性

现代孩子精神压力大和我们教育有很大关系。教育应该培养琴棋书画的情操，提升个人道德修养。不教规矩，不懂礼数，只管对孩子要求学习。《弟子规》里也把学文排在最后面，首孝悌，次谨信，泛而众，而亲仁，有余力，则学文。人的基础是什么？我们的老祖宗，把它归纳成八个字，叫作孝、悌、忠、信、礼、义、廉、耻。因为我们现在的教育并不注重道德的教育，所以这类只注重装修的教育，归纳一下，叫作"缺德"教育。

好地基可以盖上百层，普通的只能盖上几层。是什么决定了盖多少层？就是地基。而这个所谓的地基，在我看来就是要把握教育时机，培养人性。

未达学龄的时候，从心理上看来，是养成习惯的基本时期，也是树立人格的基础时期，若于此时不加注意，不进行良好的教育，听任自流，等他长大后就不容易感受良好的教育了。

从前有一位音乐教师，在招生广告上说："凡没有学过琴的学费每小时一元，学过琴的每小时二元。"有人问他理由何在，他说："没有学过的人，只要从头教起就好，倘若学过的人，还要做一步改换旧习的工作，这更费事，比初教还不容易。"

教小孩子要从小教起，小时容易教，大了就难教；一些好的为人处世的方式，都是从小教起的。

我们知道人类有某些基本能力，是在生命的早期就开始发展了，而所谓的"基本能力"，是将来其他能力发展的基础，所以，我们一定要把握人类早期的教育。而早期早到什么时候呢？也就是问：教育要从什么时候开始？这是教育的"第一问"，也是最重要的一问。如果还不知道，或者还没有确切答案的人，我可以提供一个标准答案——教育要从应该开始的时候就要开始了。这个答案，好像没有真实的内容，但这个答案可以引导我们去问另一个问题："什么时候是应该开始的时候？"我们就可以得到另一个答案："人类可以接受教育的时候，就是应该开始的时候。"一定有人要问："什么时候是人类可以接受教育的时候？"就会逼出了一个确切的时间点了，因为教育既然是对着生命做教育，我们应该可以得出一个结论："有生命的那一天，如果他能接受教育了，那就是教育应该开始的时候。"这就是教育的时机。

所以教育应该从什么时候开始？——我认为，应该从我们当父母的那天开始。孩子小的时候就像一张白纸，父母在上面画什么就体现什么。所以，孩子越小教育越好，越有效果。这就是教育的时机。

　　教育作为一种有目的地培养人的活动，原本就是一种"人"的教育。从古希腊教育家所追求的"自由人"，到 19 世纪马克思所预言的"全面发展的人"，再到 20 世纪 60 年代美国现代化问题专家阿列克斯·英克尔斯所探索的"现代人"；从先秦儒学教育家所憧憬的"伦理人"，到 20 世纪 40 年代陈鹤琴所提倡的"现代中国人"，"人"始终是教育情有独钟的关注对象。在现代化的进程中，随着科技进步，经济繁荣，教育始终以其执着和顽强的生命力扮演着极为重要的角色，并朝着现代化的目标不断推进。诚然，科技的发展和理性的高扬，极大地推动了社会的进步和经济的发展，为人的全面发展创造了前所未有的条件。然而，随着科技化、理性化、现代化的进展，人类现实生活遭受了严重打击，陷入了困境和低谷之中。社会的发展，经济的腾飞，个人理性的高扬，本应该是以人更好地生存为目的。但事与愿违，焦虑和无聊成了现代人两种无法摆脱的心境，心无所寄，意义失落使现代人陷入了一种前所未有的盲目与困惑中。科技化和理性化氛围中的教育固然培养了千千万万优秀的"人才"，但同时也伤害、扼杀了千千万万无辜的心灵，使"人"丧失了生活的信心，失落了生活的乐趣。教育是培养人的活动，可教育最终失落了"人"，这不能不说是教育的一种遗憾。

　　比如，我们听到那些报道：500 强企业之一的富士康集团接二连三发生年轻员工跳楼事件。让人们谈虎色变。人们纳闷：这些受过教育的年轻人怎么了？为什么轻生？他们轻生的时候，他周围的人们为何如此冷漠？另据报载，某地几名学生私自到一处鱼塘里游泳。在此期间，有位同学因体力不支，在水中挣扎，生命垂危。已上岸的四名同学因为害怕老师和父母责备，置同学的生命不顾，任其溺死，将其衣服藏在南瓜地里。还有撞人后想逃逸结果被记车牌而对被撞人痛下杀手的大四学生药家鑫。上海某大学给同宿舍室友下毒的高才生；北京大兴某件在网络上报道得沸沸扬扬的灭门案，一个生活不错的男人，亲自把父母、孩子还有妻子送上了不归路。这些不得不让我们深思，教育究竟是为了什么，这些人究竟怎么就变得如此没有人性了呢？

《三字经》上说："人之初，性本善。性相近，习相远。苟不教，性乃迁。教之道，贵以专。"对这个传之广远的朴素而又古老的道理，即使是目不识丁的乡野村夫也不难理解和接受，可是本性淳朴善良并且已经在接受着现代文明教育的这些孩子，对自己和别人的生命如此轻贱和漠视。是什么样的东西扼杀了孩子们"性本善"的天性？俄罗斯著名思想家别林斯基曾经说过："我们会成为木匠，会成为钳工，会成为工厂主，但会不会成为一个人还是问题！"所以，在我看来，尽管教育可以传授给人改变自己命运的知识，但这种看似有无穷力量的单纯的知识教育能否使人成长为有着博大慈悲心、高尚的道德伦理与精神境界的意义上的大写的人，还是个值得探讨的问题。这些人，之所以变成这样，不是因为别的，是我们的教育在传授知识与培养人性方面的失衡！以学科为本位的教学把教书和育人割裂开来，以知识传授、能力培养为己任，忽视孩子们的道德提升和人格养成。长期以来，我们的家长追逐分数成绩能力，学校沦为贩卖知识的市场，老师成为知识的贩卖者。在这样的教育体制下培养出来的学生成为高分低能的移动书柜，或是有能无德的机器。面对人生的挫折，一蹶不振；面对人生大是大非，无所适从；面对生命的毁灭，无动于衷。

正是基于知识的这种双面性，不管是主张"人之初，性本善"的中国的古圣先贤，还是奉行"知识就是力量"的西方学者哲人，无不把培养高尚的人性并将其时刻实践于自己真诚的行为之后。

无论是我们的父母还是学校教育者，都应该像呵护绿叶上的露珠一样，去呵护孩子们，让他们去实现自主发展权，重视每个个体的存在。每一个父母都应清醒地认识到，人人都是同样重要的，不管是优秀的还是一般的，甚至是有缺陷的，人人都应该得到发展。形象地说，家和学校好比一个精致的乐器，它奏出一种人的和谐的旋律，使之影响每一个孩子的心灵；而要奏出这样的旋律，必须把乐器的音调准，而这种乐器是要靠父母以及教育者的人格来调音的。这便是以爱为基础的人性教育。

教育家陶行知、苏霍姆林斯基等先贤早已开始倡导以人为本的和谐教育思想，他们相信孩子、尊重学生、用心灵塑造心灵的教育理念已经成为世界教育思想中的瑰宝，而他们所倡导的让学生全面发展的教育方针，也成为世界素质教育的发轫之论。"培养真正的人"，让每一个培养出来的人都能够幸福地度过一生，这是每位教育工作者不懈追求的教育理想，也是我们不断推进素质教育的出发点和归宿。对生命的尊重，对人性的渴求，对自然的探索，对文化的理解和传承，以人为本是所有教育的本质要求。我们理应遵循同样的教育规律，传承、创新其教育理论，让教育处处闪现人性的光辉。

教育的力量，正是要使人做人，使人做一个堂堂正正的人、一个理性而公正的人、一个胸怀宽广的人、一个爱心博大的人。在现代文明社会之中，身为一个人，可以没有辉煌的人生业绩，而只做一个平凡的人、一个普通的人。这没有什么。尽管精英们领导着这个世界，但是，绝大多数人依然享受着平凡人的幸福、普通人的乐趣。假如人不成其为人，那么，所有这一切，都将不复存在。

所以，这也提醒我们家长，要掌握好教育时机去培养孩子的人性。说到底就是在日常生活中，父母要刻意去往正向、积极的方面引导孩子。用人性塑造人性。每个家长都应拥有健康、和谐、开放的心态和完善的人格：①生活充满热忱，内心充满微笑。②胸襟开阔，诚信正直，欣赏并关爱他人。③热爱生活，相信智慧；热爱孩子，相信孩子。④成为孩子的知心朋友、人生导师和行为楷模。⑤具有强烈的责任感与使命感。⑥勤于学习，勇于创新，感受教育的乐趣，参与自我学习的队伍。我们要不断吸取别人的教育精华。"为了社会和道义的进步，为了每个人的幸福，我们为人父母或为人师者，不仅仅要充当人类灵魂的启蒙师和工程师，而且要充当一名灵巧的珠宝匠，要善于从每个孩子身上开发出独特的人性之美。

把握教育方向，培养人道

人道，直白说就是为人之道，社会中要求人们遵循的道德规范。我们每一个降生为人的人，也是生物的一种。繁育后代和延续种族是任何一种生物的生命主题。但是，与其他动物相比，不同的是，人具有精神，具有灵魂，或者说，人应当具有精神，具有灵魂。人类不仅需要生物社会的生存法则，同时还需要人类社会的道德伦理。生存是生物体本能的生命存在形式，是生命的低级存在方式；生活是超越生物体本能的生命存在形式，是生命的高级存在方式。生存的目标是存在，是舒适，而生活的目标不仅是存在和舒适，还有幸福、高贵和富有意义。因此，对于人类来讲，生命的存在不仅仅意味着吃喝拉撒、生儿育女，还有对于自身存在意义与价值的探寻。这是人类作为智慧生灵与其他动物的本质区别。

孩子作为幼小的生物，接触到的第一重道德规范教育来自父母，来自家庭。孩子年龄虽小，但他们在生活中也会面临道德选择问题。由于孩子的道德认识还很肤浅和表面，因此，他们在道德选择的过程中会产生各种困难。孩子在遇到这些困惑后所寻求的帮助和做出的选择，将对他今后做什么样的人，怎么处理各种社会关系有着十分重要的影响。

有位优秀的儿童教育家说过："优秀的品格，只有从孩子还在摇篮之中时开始陶冶，才有希望在孩子心灵中播下道德的种子。"品德是良好气质的灵魂，孩子具有同情、关心他人的品质时，才会在公共汽车上把座位让给老人，从而表现出谦谦有礼、尊敬老人的气质。同样，孩子只有表现出合群、合作等良好的品德时，他才不会表现出性格孤僻、我行我素等不良气质。所以，家长在日常生活中应以身作则，言传身教，培养孩子的道德情感，训练孩子的道德行为，使孩子成为一个品行高尚的人，这样孩子自然就会具备良好的外在气质。家长在日常生活中要处处留心孩子的品德养成，主要从下面几方面着手：锻炼孩子的意志、教会孩子劳动、培养孩子的法制意识、重视餐桌上的德育教育。

只有道德高尚的人，才是一个真正的有用之人，也才能成才，这是多年的经验所证实了的。世界上的伟人，如艺术大师、文学巨匠、科学家、发明家，无不如此。如果一个孩子道德败坏，不但不能成才，而且还会给我们的家长带来无穷无尽的烦恼与羞愧。因此，父母要从小培养孩子良好的道德情操。如果一个人被叫作"缺德"，那他要想在社会中立足就会很困难了。或者在道德规范中有了污点和瑕疵也会影响自己的前途和未来。

我相信大家都读过"三次逃票"的故事：

在德国，有一位中国留学生以优异的成绩毕业了。毕业以后，他去德国的大公司找工作。第一家公司拒绝了他，第二家公司拒绝了他，第三家公司还是拒绝了他。他一连找了 20 多家大公司，结果没有一家肯接收他。他想：凭自己的博士文凭和优异成绩，找一家小公司应该没什么问题吧。但是，谁也没有想到，他找的一家小公司还是拒绝了他。这位中国留学生愤怒了！他对那家小公司的老板说："请您告诉我，你们为什么要拒绝我？"那位老板说："对不起，先生。我们从网上找到了一份关于您的记录。记录显示，您在德国留学期间乘坐公共汽车，曾经逃过三次票。"中国留学生吃惊地说："逃三次票算得了什么？难道我的博士文凭还抵不过三次逃票吗？"德国老板郑重地说："是的！先生。

我们知道您不缺文凭、不缺知识、不缺能力，但我们认为您缺了一样东西！正是您缺的这样东西，让我们德国人不敢聘用您。"

"先生，我们并不是歧视你，相反，我们很重视你。因为公司一直在开发中国市场，我们需要一些优秀的本土人才来协助我们完成这个工作。所以你一来求职的时候，我们对你的教育背景和学术水平很感兴趣，老实说，在工作能力上，你就是我们所要找的人。"

"那为什么要拒绝我？""因为我们查了你的信用记录，发现你有三次乘公车逃票被处罚的记录。"

"我不否认这个。但谁会相信，你们就为这点小事而放弃一个自己急需的人才？"

"小事？我们并不认为这是小事。我们注意到，第一次逃票是在你来到这里后的第一个星期，检查人员相信了你的解释，因为你说自己还不熟悉自助售票系统，因此只是给你补了票。但在这之后，你又两次逃票。"

"那时刚好我口袋中没有零钱。"

"不，先生，我不同意你这种解释，你在怀疑我的智商。我相信在被查获前，你可能有数百次逃票的经历。"

"那也罪不至死吧？干吗那么较真？我以后改还不行？"

"不，先生。此事证明了两点：第一，你不尊重规则，不仅如此，你还擅于发现规则中的漏洞并恶意使用；第二，你不值得信任，而我们公司的许多工作的进行是必须依靠信任进行的，如果你负责了某个地区的市场开发，公司将赋予你许多职权。为了节约成本，我们没有办法设置复杂的监督机构，正如我们的公共交通系统一样。所以我们没有办法雇用你，可以确切地说，在这个国家甚至整个欧盟，你可能找不到雇用你的公司，因为没人会冒这个险的。"

当前，我们国家也在积极推行素质教育，但社会上"望子成龙学而优则仕"的影响依然存在。"考高分、上大学""考研拿硕士博士"出国留学拿"绿卡"，是一些学生和家长的奋斗目标。他们认为，只有这些才是实在的，其他一切都是虚的。试问，倘若培养的学生都奉行个人主义、拜金主义，中国的社会主义现代化建设何时实现！何况也有学者和研究者说过，如果过分注重一个人的能力和学识的培养而不注重道德培养的话，将来会产生越来越多精致的利己主义者，他们一旦没有道德规范约束，凭着高能力和高知识，犯起罪会更可怕，带给社会的危害也更多。一个有责任心、使命感的中国人应该认识到道德教育的必要性了。中小学要实施社会主义道德教育的大战略，持久、深入地进行有针对性、实效性的"五爱"教育，要使孩子从小懂得爱国爱同胞是最起码、最基本的道德品质，也是全民族的崇高道德。李苦禅大师说得好："所谓人格，爱国第一。"一个人连生养他的祖国都不爱，就没有起码的人道可言，其他一切品德无从谈起。要使学生懂得爱我们的同胞是将来人际关系重要道德要求，应当以一腔热情热爱同学、师长、团结互助，共同前进。要使中小学生懂得爱劳动是社会主义道德的重要特征。劳动是光荣的，劳动者是神圣的，劳动没有高低贵贱之分。要使中小学生懂得，爱科学是社会进步的要求，是实现现代化的要求。要努力学习科学文化知识，逐步具备科学精神、态度、意识和素质，将来好为祖国为人民服务。要使中小学生懂得爱社会主义是我国社会制度对全体人民的要求，应是全体人民共同遵守的主要道德规范。当然还要懂得社会公德、职业道德和家庭美德等。每一个有良知的中国人是不愿意看到道德败坏、"贪污、盗窃、贿赂横行世界"的出现。因此，对中小学生进行社会主义道德教育是非常必要的！这种教育首先要使中小学生正确认识自觉接受社会主义道德教育的必要性，就要引导学生学法、懂法、用法、守法；引导他们从小学习什么是道德素质和道德规范。

在培养孩子人道方面，家庭成员要进行言传身教。家庭是社会的细胞，作为家长，必须要加强学习，提高自身道德修养，在生活中无形地为孩子做出榜样。常言说得好："近朱者赤，近墨者黑。"家庭教育的显著特征，就是潜移默化的熏陶。父母应从家庭实际出发，根据孩子身心发育的特点和品德形成的规律，从日常生活中的小事抓起，从点滴抓起，循循善诱，以情导行，以事明理，寓教于乐，对孩子进行生动的渗透性的道德启蒙教育。

在德国有这么一个故事，法兰克福有一个孩子粗暴地将上门乞食的流浪者驱赶出门，全家人特意为此召开了家庭会议。大人们严肃、耐心地启发孩子：流浪者尽管穿着邋遢，同样享有人的尊严。使孩子明白了一个道理：仰慕强者也许是人之常情，而同情弱者更是美好心灵的体现。

而今，我们一些家长在日常生活中喜欢打麻将，喜欢骂领导，喜欢骂社会骂政府。使孩子听得多了，就会产生认识上的偏差和疑惑。认为领导者都是自私且抠门儿的，社会都是黑暗的，这就容易使孩子产生负能量和错误的认知。当然，任何一个社会或人，都不可能是完美的，做家长的要有针对性地去引导孩子，让孩子认识什么是美好的，加以吸收学习，什么是丑陋邪恶的，加以规避。家长不要使自身一些不良的习惯和行为或不当言论，引起孩子的效仿和教育的迷失，带坏了孩子。因此，家庭环境是人道教育的基础教育，也是最关键的教育。

把握教育环境，培养人格

所谓人格是人的个性的社会化过程。所谓人格的教育与培养，也就是以塑造人的优良道德品质和个性心理品质为中心的做人教育。它对人的其他素质的发展起着导向动力和保证的作用。良好的个性心理品质是孩子学业进步、全面发展的必要条件。

现实生活中，许多文化水平并不高，甚至大字不识的家长，同样为国家培养出了栋梁之材。他们的家庭教育之所以获得成功并不在于他们对孩子的学习抓得如何紧，而是在于家长自身有勤劳、刻苦、善良、正直等品质和好学上进、严谨细致等性格，并以此影响和教育了自己的孩子。比如他们在逆境中始终保持着乐观与自信的心态，对待艰难困苦他们从不畏惧退缩，等等。在他们朴实无华的言行举止中，蕴含着高尚的人格力量。正是这种力量无时不在潜移默化地影响与感染着孩子，陶冶着孩子的品格，从而引导孩子获得了成功。他们的成功为我们诠释了一个简明的道理：家庭教育的主要任务是培养孩子健全的人格，使孩子学会做人。一个人一旦具备了良好的心理品质，那么无论处于什么环境都能轻松应对，化不利为有利。

林肯出身于一个鞋匠家庭，而当时的美国社会非常看重门第，所以，林肯竞选总统前夕，在参议院演说时，遭到了一个参议员的羞辱。

那位参议员说："林肯先生，在你开始演讲之前，我希望你记住你是一个鞋匠的儿子。"

"我非常感谢你使我想起我的父亲，他已经过世了，我一定会永远记住你的忠告，我知道我做总统永远都无法像我父亲做鞋匠做得那么好。"

参议院陷入一阵沉默，林肯转头对那个傲慢的参议员说："据我所知，我的父亲以前也为你的家人做过鞋子，如果你的鞋子不合脚我可以帮你改正它。虽然我不是伟大的鞋匠，但我从小就跟随父亲学到了做鞋子的技术。"然后，他又对所有的参议员说："对参议院的任何人都一样，如果你们穿的那双鞋是我父亲做的，而它们需要修理或改善，我一定尽可能帮忙。但是有一件事是可以肯定的，我无法像他那么伟大，他的手艺是无人能比的。"说到这里，林肯流下了眼泪，所有的嘲笑都化成了真诚的掌声。后来，林肯如愿以偿地当上了美国总统。

人格就是一个人的最大财富。衡量一个人人格高尚与否当然有放之四海皆准、全人类都认同的普世价值标准：即真诚、善良、勤勉、正直、扬善弃恶，有深刻思想，有相当学识才气。一个富有人格魅力的人，总是表现出一种宽容和坦诚的风度，他们对于那些地位卑下者，从来都不会轻视或者有丝毫的怠慢；对于那些达官显贵的人，也从来都不会奴颜婢膝或者阿谀奉迎。无论是在工作还是生活中，他们总是和蔼、公平、热情地对待朋友、同事和一切普通人，主动与他们打成一片，友好相处。

在社会发展与国际接轨的今天，教育环境改变了。也许，以前我们的孩子只是在自己的家里，最远也不会超出自己的国家学习、工作和生活。即使按照我们自己教育孩子的方法，适应环境也许还无伤大雅，而今天对于每一个孩子来说，生存的环境在改变，对于他们的培养也要改变。

在家庭教育中，促进孩子健全人格的形成可以通过如下渠道来进行：

第一，充分肯定孩子的自我价值，家长一定要看到孩子的长处并立足于孩子的优点来教育孩子。只有这样才能逐步确立孩子的自信心和对自己生命的悦纳，一个悦纳自己的人才会热爱生活，热爱学习，才会有自我价值感，从而成为人格健康的孩子。

第二，悉心指导孩子学习。稳妥地调控孩子的学习负担，减轻孩子的心理压力，使他们在轻松愉悦的氛围中享受到学习的乐趣。

第三，满足孩子的多种心理需求，需求是人的行为的基本动力，人的需求满足越充分，越多样化，其潜能的发挥就越充分，人格就越健康。因此家长除了满足孩子认知需求之外，对于孩子的交往、友爱、展现自我、获得认同和受到尊重、活动创造等方面的需求均应尽力满足，以利于孩子的健康成长。

第四，适当增加孩子在生活方面的挫折教育。培养他们自理自立的生活能力，从中学会生存。①家长在培养孩子健全人格的家庭教育中要十分注意应用科学的方法：家长要以身作则，不断提高自身的人格修养。在为人处世、工作学习以至于日常生活等方面为孩子作出表率。②家庭道德教育要十分重视践行过程。家长应当创设适当的条件和环境，让孩子从做中学，才能完成从道德知识向道德行为的转变，从而内化为孩子的道德素质。③家长无论工作多忙，每天都应挤出一点时间来陪伴孩子，与孩子进行平等沟通的融洽亲子关系。④要努力创造健康向上的家庭氛围，建设学习型的家庭。让孩子感受家的温暖并受到潜移默化的影响。⑤要经常与学校和教师进行沟通，深入了解孩子在学校的表现，配合学校做好工作，以形成家庭与学校教育的合力。

我们常说，家长优秀决定了孩子的优秀。这里所说的家长的优秀，并不是说家长具有多么高的学历，或毕业于多么著名的学府，或具有多么显赫的社会地位，而是说优秀的家长身上要具有人的优秀品格——诚实、善良、宽容、朴实、勤奋、节俭、勇敢、坚毅、顽强、热情、敬业、热爱学习、积极进取、乐观向上、精益求精、热心助人，等等。教育本质上是人性、人格在下一代身上复制和遗传的过程。因此，没有优秀的家长，我们很难期望这个家庭能产生优秀的后代。孩子的成长受家长的影响，家长受上一代人的影响，上一代人又受上一代的影响，祖祖辈辈代代相传，归根结底，一个家族的所有成员，都是在一种家庭文化氛围的熏陶中成长的。

家人要成为孩子崇拜的偶像

日本青少年研究中心主持的一项调查，问孩子们"谁是你最尊重和崇拜的人？"日本和美国孩子的第一选择都是"父母"。而中国的孩子却心怀质疑，在他们心中，父母名列10位以后。问卷对象选择了日本15所中学的13000多名学生，美国13所中学的1000多名学生，中国大陆21所高中的1200多名学生。这次调查中，日本、美国的中学生都把自己父母列为自己最尊重的人，把父母摆在第一的位置，唯独中国的学生所崇拜的名单中，父母榜上无名。

我曾经问我自己：要做一个好父亲，是不是首先要做一个最好的自己。所以，我们当了父母的人不要再苦口婆心地说你为了孩子放弃了什么，牺牲了什么。其实，做好自己，做一个有品位、有修养、阅历丰富、工作家庭两不误且懂得生活的人，比为了孩子放弃什么更有价值。说到底，有什么比成为自己亲生儿女愿意模仿的对象更有成就感呢？英国教育思想家托马斯·阿诺德说过："父母的言行就是无声的老师，自觉或不自觉的榜样，强有力地发挥着潜移默化的作用。所以要想取得理想的教育功效，父母一定要以身作则，时时、处处、事事都严格要求自己，成为孩子人生的好榜样。"

"篮球天才"科比·布莱恩特在接受记者采访的时候提到了自己的父亲，并说："我的爸爸是名职业篮球运动员，他在费城76人，休斯敦火箭和圣地亚哥快船效力过。"科比出生在一个篮球家庭，正是这样的家庭环境，在科比心中埋下了要成为篮球运动员梦想的种子，高中毕业的科比打算提前进入 NBA，也是父母成为了科比的后盾。科比："很多人和我说，科比，你应该向你父亲那样，去拉塞尔大学打球，这不是理所应当的，我的父母都是独立的人，他们总是和我说，科比，你可以自己做决定。""我有很多偶像，比如'魔术师'约翰逊，迈克尔·乔丹，艾米特·史密斯，但我最崇拜的还是我的父母。"

跟很多 NBA 球员一样，科比的父亲也曾经是这个联盟里的球员。乔·布莱恩特于 1954 年 10 月 19 日出生于费城，并于 1975 年被金州勇士选中，但由于合同和个人意愿问题，当天就被交易到了自己的家乡——费城。他的职业生涯就从费城 76 人开始。在那个年代，乔·布莱恩特算得上天才级的篮球运动员，他在大三结束就直接参加 NBA 选秀。

2013 年和勇士的比赛里，他跟腱断裂，科比意识到，职业生涯里最大的打击到来了，回到更衣室里他不禁流下眼泪，让他迅速擦干眼泪是因为太太带着两个女儿来到了更衣室，他明白，他得成为女儿的榜样，他得用自己的行为告诉孩子，人在面对挑战和挫折时，可以选择坚强，选择反击。这也是他从自己的偶像父亲那里学会的，他要继续给自己的孩子当榜样、当偶像。

家庭对于科比的意义，和我们每个人来说都是一样，家是追梦路上的支撑，是行走到低谷时的依靠，是让我们不断进步的动力，有了家，才让一切的成功有了意义。抛开了场上的英雄形象，科比就是普通世界中的一员，他有自己的家庭，他有自己的世界，他和我们一样生活在这个充满困惑与烦恼的世界，他也和我们一样，生活在属于自己的小幸福里。这个小幸福就是，他一直有父亲做榜样，沿着父亲给他留下来的印记工作和生活，同时他又在创造着自己的天地，给自己的孩子以新的印记。

一个家里，爸爸们可能没有意识到，你的儿子就像一个永不停息的小雷达，正在专注地观察你的一举一动，并自觉或不自觉地模仿各种被你忽略的琐碎细节。身教重于言传，爸爸的每一个眼神、每一句话、每一个举动都会被孩子收入眼中。如果爸爸自己行为不正，又怎么能要求孩子行为不出差错？丰子恺曾说："孩子的心灵是最纯洁的，他们是身心全部公开的人，好的教育和坏的教育都很容易被接受。因此，父亲对孩子们的影响是至关重要的。"

父亲作为男人，是承担"事业成功"英雄角色的家庭成员，这份责任，比没有成为父亲的男人更大。通常，在中国每一个家庭，母亲把爱当作自己的武器，父亲则把成功当成守护神。

事实上我们从小也曾经梦想有这样的父亲，他们在事业上尽其所能，在生活中充满活力。他会钓鱼、会削木棍做小木枪，大讲平凡工作中的有趣故事。他做这些的时候，充满自信，能够让我们无比崇拜，他们也坚信，我们可以把这样的崇拜保持到自己当父母的时候，从而能够像他一样，做一个能做榜样的父亲。

而做父母的所应该理解到的，则是深藏在偶像形象背后的含义：年幼的孩子大都会以各种方式模仿他们最为崇拜的父母。所以，父母的行为在很大的程度上会左右孩子将来成长为一个什么样的人。

有研究发现，乐观的父母，子女也会开朗；一位事业有成的母亲，女儿更可能会梦想自己是个成功的职业女性。反之，如果父母整天跳舞、打牌、"砌长城"，孩子则沉迷于瞎闹、上网、看电视；父母经常骂不绝口，子女一定会出口成脏；父母谎话连篇见人甩大烟，孩子则从小"阳奉阴违"，只说不做；父母对老人恶言相加，孩子则在家不尊敬长辈，到学校不尊敬老师。若父母的行为令孩子骄傲，那么，孩子在模仿父母行为的同时，还会从中获得安全感；而一旦随着孩子年龄的增长逐渐感受到父母的行为令人生厌，那么父母在孩子心目中的地位可就要大打折扣了。无论你的"言教"多么动听，都不会入耳。更可怕的是，在有不良行为父母的影响下，孩子会效仿父母的一些不良行为；另外，当孩子进入青春期后，这样的孩子更可能出现反叛父母、离家出走，甚至参加违法犯罪集团等恶性行为。

所以，父母一定要牢记自己在孩子心目中的偶像身份，并努力扮演好自己的偶像角色，在家庭教育中切记"身教胜于言教"的格言，少说多做，身教为先，言而有信。请记住，做父母的若想让孩子成长为有用之才，成为你对亲戚、朋友骄傲的资本，那么，做家长的要让自己首先能够成为这样的人。

给孩子心田种下感恩的种子

说起感恩，不得不说溺爱。因为在健康的爱的呵护下成长起来的孩子，往往内心充盈着爱和温暖，体现在外的行为和言语就是感恩的行动和心态。而一个在溺爱下长大的孩子，一定不懂得感恩，恰恰会觉得父母给予的一切都是"应该的"，自己得到的都是"理所当然"。

我们中国有一句古语："惯子如杀子。"这句话是永恒不变的真理。尽管我们有这样的古训，但是大多数父母或隔代长辈们因为"爱孩子"而听不到"惯子如杀子"的声音，看不到"惯子如杀子"的现象，更感受不到这个"惯子如杀子"的体验。因此就不知道溺爱对孩子的危害有多深。

《后汉书·仇览传》中，有一个"孤犊触乳，骄子骂母"的故事，讲的就是古代有一个人因为是独子，一直受到母亲的娇惯，但他由撒娇而顶嘴，由顶嘴而骂母亲，最后竟发展为打母亲。一天他见一头母牛的奶子鲜血淋淋，原来是被小牛犄角触伤了，听见别人说"牛是畜生，可是有的人连畜生都不如"，发现大伙是在说他，才意识到自己的错误，最后才改正了自己的行为。

我们每个父母都发自内心爱孩子，不要因为溺爱把一个原本的好孩子给害了。有一句话这样评价中国的家长们：他们太爱孩子了，但又太不会爱孩子。中国父母大多知道溺爱孩子有害，但却分不清什么是溺爱，更不了解自己有没有溺爱。"溺"，词典上解释为"淹没"的意思。人被水淹没了叫"溺毙"，如果父母的爱流横溢，那也会"淹没"孩子，这就是溺爱。

所以，一定要在孩子的心田上播种感恩的种子，剔除掉因溺爱产生的不良的种子。

孩子的心灵是一块奇异的土地，播上思想的种子，就会收获行为的果实。要在孩子的心底播种善的种子，让孩子们都能有一颗感恩的心，用感恩之心去感受周围的亲情、友情和恩情，从而懂得怜悯，懂得尊重，懂得负责，懂得爱护自然界中的一草一木。

感恩是对他人的帮助和恩惠由衷地表示感激，是人性的自然流露。它是一种美德，是一个人应具备的基本品质。然而，现在的独生子女很多都唯我独尊，不懂得感恩。所以，作为家长的我认为：有意识地培养孩子的感恩之心尤为重要。中国自古提倡孝道。孔子认为，"孝"是道德的根基，是教育的起点，也是教育孩子感恩的起点。

比如，在家为父母倒杯水、拿拿拖鞋、揉揉腰、捶捶背等。首先，我们自己也要孝顺。如：在过节的时候，我们自己买了东西送给长辈或者给钱的话，我认为最好让孩子帮我们送，让他亲眼目睹我们是怎么样做的？这不是一个教育孩子感恩的好机会吗？至于年龄较大的孩子，可以让他们给父母写一封信，反思亲子之间关爱的细节，还可以让孩子坚持每天写一句感激父母（或者别人）的话。总之，就是要关心长辈的身心健康等。现在孩子每逢过年过节，大都等着收红包，如果我们家长有意识地当着孩子的面给我们的父母或家中的老人发红包，这就是一堂非常人性化的感恩教育。当孩子看到父母对待爷爷奶奶或姥姥姥爷如此，一定会看在眼里记在心里。真正懂事的孩子，他学到的是感恩和道义。他的心里面觉得父母把我养这么大真不容易，他会想着我应该怎么样让父母幸福快乐，他不贪父母的一分一毫。

苏联教育家苏霍姆林斯基说："如果一个孩子连他父母也不爱，他还会爱别人、爱家乡、爱祖国吗？"爱自己的父母，爱自己身边的亲人，容易懂，容易做，而且还会为日后进行爱国主义教育打下基础，乃至慢慢地将爱的范围扩大。因此，我们教育孩子努力给妈妈、爸爸及自己身边的亲人带来欢乐；关心、体贴、照顾生病的家人；有好吃的东西要先让大人吃。还可通过讲故事启发诱导他对爱的理解。总之，我们要从身边的点点滴滴小事随时地对他们进行爱的教育，让他们有一颗感恩的心。人不懂得饮水思源，知恩图报，他连人格都保不住。为什么？乌鸦都知道反哺，羔羊都知道跪乳，人都不知道知恩报恩，不就连畜生都比不上吗？无论是家长，还是老师，都应该教育孩子，哪怕是接受了别人滴水之恩，也要以涌泉之水的姿态，去回报别人。

我们现在的父母都很重视对孩子的感恩教育。我看到很多家长都做得很好。家长们孝敬老人，让孩子跟自己分享食物，等等。我也在努力学习、总结、反省。我想，首先我们可以让孩子看清自己跟他人的依存关系，看清恩惠来源，看到他人的付出，学会尊重别人的劳动，这是产生感恩心的前提。我们要善于去发现自己已经拥有的东西的价值。要做到这一点也并非易事，因为我们对周围太多有价值的东西熟视无睹，我们认为自己理所当然地应该享受它们，而很少去想过要珍惜要感谢。想想看，我们住的楼房、水电、道路、通信系统、车、草木、食物、空气、阳光、家人、朋友、我们自己的身体、我们的星球……这些，就算我们时时刻刻去感激也不为过。我们常常想不起来去感恩，就像我们难以宽恕他人一样，是因为我们没摆脱一种计较的思路。我们会想，别人为自己做的事情是他分内的事，是他应该做的，我们付了钱或是有资格有资本，对方的服务是我们挣来的、赢得的，所以我们可以心安理得地享受，而不去感激。

朱子格言说："一粥一饭，当思来之不易；半丝半缕，恒念物力维艰。"意思是：知道了这些食物的来之不易，也就会更加感激那些为此付出劳动的人。心存这种感激之情，你心中的世界，将是无比美好的。《弟子规》里也说："恩欲报，怨欲忘。报怨短，报恩长。"这是非常简单具体的行为指导。如果我们没有想过背后的道理，我们就会把它当作空泛的道德说教，不会认真去做。明白其中的深意，我们就会知道，这符合世界的真相，也将给我们自己带来最大的益处。

所以，在对孩子进行教育时，父母一定要记住：如果别人帮助了你，你也一定要努力去帮助别人；如果别人有恩于你，你也一定要去努力回报别人。这种回报可以表现为实际的行动，也可以表现为言语上的感谢。这样，不但你的文明素养与道德品质会得到提升，而且，由于你有知恩图报的习惯，也会有非常好的人缘。而好的人缘，是非常有利于孩子的成长的。说实在的，好人缘是千金也买不来的宝贵财富。也就是说，多一个朋友多一条路。

一般来说，生活中是没有多少所谓的"大恩"需要报的，而所谓的"小恩"，有时候也只是一些点点滴滴的小事。在这个时候，父母就需要格外注意自己的言行，也要注意培养孩子在这方面的言行。比如，别人帮助了你，至少，你应该满怀感激地说一声"谢谢"。不要小看这一声"谢谢"，它实际上是在潜移默化中培养一个人的文明素质与道德品质。因为它会自然而然地形成一种习惯，而习惯的力量却是巨大的，良好的习惯会推动人迅速朝着人生的目标迈进，而坏的习惯则会产生反向的推动力。

教育感恩，还要让孩子学会凡事都看到积极的、好的一面，学会发现事物的独特价值，让孩子习惯于在平凡的事物中寻找值得感谢的地方，锻炼从错误、失败和逆境中去学习、去成长的能力。比如，堵车时，感谢有这个空闲时间可以放松一下、想想事情；班里有淘气的同学，感谢他们的存在，锻炼了自己专注、排除干扰的能力；别人把脏活、重活都留给了自己，感谢他们的信任，给了自己额外的锻炼机会；感谢每一次错误和失败。

所以，在孩子阶段，把这种感恩之心的道理告诉孩子多么的重要，这等于给了他们一盏灯，有了这盏灯，在日后的日子里，当他们长大了，当爸爸妈妈不在他们的身边的时候，他们能够以平和之心对待世界，以感恩之心对待人生，这样，他们才能真正的健康、幸福。所以，父母们需要在调整自己心态的同时，把这盏世界上最明亮的灯，交给孩子。

让孩子明白生命的价值和意义

每个人从出生一直到生命结束，整个过程的经历，对每一件事的态度，都成就了不同的生命。所以，对于孩子来说，从小培养孩子对于生命的态度，让孩子明白生命的价值和意义是件十分关键又重要的事情。

比如，现在我们经常看到不能忍受作业多就自杀的小学生，高考不理想就结束生命的高中生，还有走上社会工作压力大就跳楼的大学毕业生。这些孩子之所以出现这些过激行为，跟从小的家庭和社会教育脱不了干系，但我认为，更多的是没有真正受到过生命教育。还有近期引起人们关注的"校园霸凌"事件，也是关于别人生命尊严的命题。如果孩子知道生命的价值和意义，就会尊重自己的人身权利，同时也会善待别人的人身权利，就不会出现群殴、互殴，上演那种一伙人欺负一个人的暴力事件。

生命教育近年来越来越流行，是因为整个社会在快速变化。这些变化会让人变得焦躁不安，会影响每个人的心态。在社会急剧变化的状态下保持淡定，对整个家庭、对教育孩子有很大的作用。过去我们在教育孩子时，总是注重教孩子技巧性的东西，很少关注如何帮助孩子建构强大的内心，因为我们自己就是这样应试着成长的。大多数家长过去很少注重自己的内在，所以现在也不会注重孩子的内在。但我们的孩子与我们过去所处的环境完全不同。回看我们自己的过去会发现，我们当年毕业时进入社会面临竞争需要的能力和我们的孩子未来进入社会需要的能力，有很大的不同。这也是为什么现在的孩子压力很大的原因。对孩子进行生命教育，一方面，要向孩子解释生命的真相，让孩子了解生命从诞生、成长到成熟、衰亡是一个自然的过程；另一方面，还要给孩子带去心灵的抚慰，让孩子学会正确认识"死亡"，懂得倍加珍惜自己和他人的生命。同时，在认识死亡不可避免的同时，让孩子学会珍惜有限的生命过程，活得精彩，活得自在。

对于死亡，有些孩子在认知上存在偏差。我们需要着重告诉孩子的是：生命只有一次。他有他的珍贵性——每个生命的诞生都是珍贵的，每个生命的过程是有限的，每个生命都是不可替代的。他有他的特殊性——人的生命是种生命和类生命的统一，是自然生命和社会生命的统一，是肉体和精神、理性和感性、能动性和受动性的统一。他有他的发展性——在生命生成过程中，人的生命表现出特有的自觉、自为和创造，具有自主性和超越性的发展。而死亡，就是生命的终结，不可逆转。有些家长自作聪明跟孩子说，死亡就是睡着，这显然是不科学也是不合理的。要认真对待孩子诸如：人为什么会死？人死后去哪里？死亡会不会痛？为什么死掉的是他，而不是别人？死是不是睡着？我还能看到死去的他吗？我可以活到像他那么老吗？难道医生、护士与医院没有办法让人不死吗？我想到死去的他会哭，怎么办……—

系列的问题。告诉孩子，死是人的生命的正常演变过程。

台湾省高雄师范大学张淑美博士曾针对"如何处理儿童对死亡的疑惑"提出"五诫"：

勿说死者只是睡着了——因为睡着了通常会醒来，以死者安睡的说法来安慰儿童，易使他们不是一直在"期待"死者"醒"来，就是害怕自己会不会睡着了就是"死"了；

勿说死者并没有真正死了——儿童不太能了解抽象的比喻或安慰之词，仍应告知其事实，以免他们更愤恨或怀疑亲爱的家人没有真正地死，为何不回来看他；

勿说死者是去旅行了——旅行是会回家的，这种安慰容易使儿童愤恨死者为什么不告而别，一去不返；

勿说死者是被上帝（神明）带走了——此说易使儿童视上帝（神明）为敌人，感到有罪或担心受到惩罚；

勿以"上天堂"或"下地狱"来比喻死亡——此说易使儿童纳闷，究竟挚爱的亲人是到天堂享乐，还是下地狱受苦了？若自己不是一个"乖孩子"，是否将来会下地狱？可能因此被担心、恐惧所扰。在遵循儿童身心发展规律的原则下，开展死亡教育的途径多种多样。

现在的教育其实已经偏离了教育的本质，很多家长和老师都只看重孩子的成绩，而忽略了培养孩子成为一名合格的社会公民。事实上，生命教育在我国的台湾等地已经普及，但在大陆并未形成体系，在实际教学中也未付诸实施。如今的学校教育，大多刚刚从灌输消防知识上对孩子进行生命教育，还没有完全成体系对学生进行生命教育。虽然素质教育推广了20多年，但目前中国的教育，还是只盯着学习和成绩，并没有真正转移到对孩子的德行、责任的培养上来。现在的很多家长都意识到了生命教育的重要性，会在交通行为、防拐防骗等方面对孩子进行引导，但往往是在碰到问题时才进行生命教育，没有系统地提前预防。因此直到现在，生命教育在家庭和社会中，还是个"生词"。而整个社会对生命教育的淡漠，几乎成了生命教育普及的最大障碍。

目前生命教育开展得比较好的是一些欧洲国家，比如英国有《英国儿童十大宣言》，其中就强调了"平安成长比成功更重要，生命第一，财产第二"。

现在的孩子都是家里的宝贝，孩子很少有机会接触和认识刀具、电、火等危险的东西，当他们有一天碰到时，就会手足无措。事实上，孩子在一岁时，家长就可以开始对其进行引导，让孩子从身边的事开始接触"危险"。当某个危险发生在大人身上时，例如不小心被刀划伤了手，家长可以把这些危险的结果展示给孩子看；当电视上播放有人溺水时，家长可以与孩子分析溺水的痛苦和危险性，让孩子今后有意识地去注意。这些日常生活中的生命教育看似琐碎，但可以在意识层面让孩子明白生命的可贵，尊重生命，爱惜生命。

近年来，从青少年自杀者留下的大量遗书来看，他们反复提到的就是"找不到活下去的理由，没有必要再活下去了，没脸活了，生不如死，活在这世界上完全是多余的""活着没有意思"等。一些遗书中还提出了问题，如"我是谁？""我为什么要活着？""我活着还有什么意思？"……这种无意义感导致自杀者下定决心走上人生的不归路。

学校和家长要帮助儿童打破这种无意义感，可以从三个角度着手。

告诉孩子健康的身体的重要性。认识生命的特点及其发展规律，珍惜生命、尊重生命、敬畏生命。掌握与生命安全、身心健康相关的知识与技能，保持心理和情绪健康。能够主动适应社会，与他人健康交往，勇敢面对挫折，养成良好的生活习惯和积极乐观的生活态度，具有良好的人际沟通能力。度过有意义的人生。认识生命的意义和价值，具有独立之人格、自由之精神。合理规划人生，具有远大的理想和追求，追求生命的崇高与伟大。超越"小我"，关心国家、社会和人类，具有中国灵魂、世界胸怀和民族精神。

对孩子进行生命教育，既需要从科学的角度向孩子介绍生命从生到死的变化，让孩子了解生命从诞生、成长到成熟、衰亡是一个自然的过程，也是一个来之不易、弥足珍贵的过程；也可以针对孩子的认知特点，选择一些充满人性之美和灵性之光的经典文学作品，让家长与孩子一起阅读，与孩子一起感受生命的跃动，直面死亡的拷问。家长和孩子共同上一堂生命教育课，就是要让孩子懂得，生命最终的死亡是无法逃避的，也是不足为惧的，生活中我们可能遇到很多难过、让人难以接受的问题，但每个人都要学会笑对人生，每个人最终都要接受死神的来临。科学的生命教育，一方面要向孩子解释生命的真相，另一方面还要给孩子带去心灵的抚慰，消除他们对死的误读和恐惧。

孩子只有深刻明白了生命的价值和意义，才能更加珍爱生命，尊重自己和别人的生命，也才能在有限的生命过程中活出无限的可能，而不是惶惶度日浪费生命。